ヨベル新書
100

金子晴勇［著］

キリスト教思想史の例話集

I

物語集

YOBEL,Inc.

序論　思想史における「例話」の効用について
――オイディプスとイエスとの対比を手がかりにして

　わたしが最近になって完成させた『**キリスト教思想史の諸時代**』（全7巻と別巻2冊）は、これまで書き溜めてきた諸著作と未完成の多くの資料を使って、もっぱらその歴史の主流を叙述してきました。ところが実はそこには主流の他に多くの小川があり、源流・分流・細流・伏流・深海流などが一緒になって流れています。しかもこの流れには使い切れない程の思想的な宝が埋蔵されています。それは思想史の中で連綿として続いており、その中から⑴**物語集**、⑵**命題集**、⑶**信仰の神秘**、⑷**愛の物語集**、⑸**試練と信仰**、⑹**霊性の輝き**、をとりだすことができます。というのも実はそのなかには今日まで概して隠されたままで知られていないものが多くあるからです。そこでわたしは多くの断片に少しだけ解説と研究を付けて編集してみると、上記のような『**キリスト教思想史の例話集**』（全6巻）の構想が立ち現れてきました。

実はこの例話集はわたしたちが訓話・講義・説教などを準備するとき、使うことができ、お話を立体化するのにとても役立ちます。わたしは特に永く携わってきた大学の講義で、何か難しい言葉や主張を学生に分かりやすく説明するときにとてもこれらの例話が役立ちました。とりわけそれはいつも同じことを言っている、お前の講義は同語反復だとの非難を避けるためにも使われました。こうして思想史上に登場する多くの例話を用いて話を充実させるように努めてきました。そのときわたしは「例えばといって」話を分かりやすく説明するのにとても役立ちました。というのも「例えば」というのは、ドイツ語の場合 zum Beispiel と言いますが、それは「その傍らで戯れているもの」という意味をもっています。これを使いますと何かを分かりやすく説明するのにとても役立ちます。そんなわけで、わたしの友人たちも「君が書いたものには例話がいつも使われて、とても賑やかになっている」と言ってくれました。そんなわけで、この例話集もきっと読者の皆様がお話しをするとき、必ず何かのお役に立つと信じています。

わたしが『例話集』（全6巻）をここに刊行するねらいは先にも記しましたように『キリスト教思想史の諸時代』のなかに見いだされる優れた物語や実話を、多くの人たちに提供したいからです。聖書自体がこのような物語や範例によって成立しているからでもあります。

聖書の文献学的研究が昔から行なわれてきた。それは聖書を歴史的に成立した一つの文献として学問的に批判的に探求した。その中でも注目すべき資料批判と様式史について簡略に述べておきたい。

資料批判というのは共観福音書(マルコ・マタイ・ルカ)の資料についての研究であり、もっとも重要である。資料批判は2資料説から四資料説へと発展した。前者は共観福音書が原マルコとQ資料(マタイ、ルカに共通でマルコにない「イエスの語録」)から成り立っているという。後者はこのマルコとQ資料に加えてM資料(マタイ原型、つまりマタイの特種でイエスの言句と譬え話から成る)とL資料(ルカ原型、つまりルカの特種で口伝資料から成る)とから説かれた学説である。

次に、**様式史**(Formgeschichite)の研究が第一次世界大戦後に起こった。これは旧約学者グンケルの類型史的研究によって導かれたものである。彼は「旧約のテキストの真の性格はテキストが書き記されたとき、実際生活においてはたした役割(生活の座 Sitz im Leben)によって決まる」という。ディベリウスが初めてこの方法を新約聖書に適用し、福音書のテキストをその独自の法則にしたがって把握し、原始キリスト教団の宣教に応じてさまざまな文学的な類型化が生じている点を明らかにした。こうして文学的な様式とその法則が説教のなかに見いだされ、これが福音書の伝承の基礎に認められると考えられた。福音書の文学形式は、例話・短い物語・レゲンデ(聖人伝）・訓言・受難物語・神話の六つに大別され、この中でもっとも歴史性の高いのが例話であり、低いのが神話である。さらにこの様式は研究者によって相違した類型化が行なわれ、たとえばブルトマンとその学派はいっそうラディカルな傾向を示した。なお、今日ではこうした資料批判と並んで**編集史的方法**も行なわれ、福音書記者の神学が重要視されるようになった。

これと同じくキリスト教思想史に展開する多くの優れた記録を「**模範的事例**」として用いる方法はないだろうかと、考えるようになった。そこで思いついたのはルネサンスのヒューマニストであったペトラルカが採用した「範例」使用の方法であった。彼は次のように語っていた

そこで、なぜ私がすぐれた古代人たちの範例をふんだんに用いるのかという、あなたの質問や、あなたに近い人たちの不審に、いま答えたいと思います。それはつまり、そうした範例が人びとにとっても有益だろうと期待するからであり、また私自身の体験では、書くときも読むときもひじょうに有益だったからです。ちなみに、万人の気に入るようなことを一人でなすのは不可能ですから、不審がるのも非難なさるのもご自由です。むろん私のほうは、世評のために自分の文体を変えたとおもわれるのは心外ですから、この手紙でも若干の範例を書き入れることをやめず、範例の効力を範例によって示しましょう。

（『ルネサンス書簡集』近藤恒一訳、岩波文庫、137頁）

ここで「**範例**」と訳出された語（exempla）は、訳者によると具体的な模範的実例を意味する。そしてより厳密には、そのような具体例がことばによる典型的表現をえたものであってペトラルカはひじょうに好んだ。そこで彼は古今の範例を集めた範例集『覚えおくべき事の書』4巻を発表した。そこには彼のヒューマニストとしての学究的関心があって、その古典研究によって新たに発見したものを世に知らせた意図が伺われる。これは13世紀にはやった「例話集」とは異なって、数世紀間にゆがめられ粉飾されて伝えられてきた例話ではなく、古典作家の証言を典拠とする真正の範例という意味であろう（グレーヴィチ『同時代人が見た中世ヨーロッパ――13世紀の例話』中沢敦夫訳、平凡社、30―32頁参照）。

ところで、ペトラルカが範例を愛好する最大の理由は、それのもつ倫理的・教育的効果にあった。ここではわたしたちが修得して利用することができる「**例話**」を用いて、親しみやすくするように「**例話集**」と名づけることにしたい。

確かに古代に繁栄したギリシアとイスラエルとに登場する物語を比較すると、よく似た人物が登場してきても、正反対な結末を迎えることで驚かされる。そこには古代社会に属しながらギリシア的人間の自己理解とヘブライ的人間のそれとでは、同じく古代に属しながら、そこに本質的な隔たりが認められる。このことを明らかにするために一つの対比を試みてみたい。キルケゴールが『**おそれとおののき**』で触れている例を用いてみよう。つまり「**悲劇の英雄アガメムノン**」と「**信仰の騎士アブラハム**」とを対比させて考えてみよう。

アガメムノンがトロイア遠征にさいし、その娘イピゲネイアを航海の難をきりぬけるために犠牲にささげたことは、アブラハムが神の約束による息子イサクを神に犠牲としてささげるべく命じられたことと酷似している。しかし、よく考えてみると外面的な相似よりも内面的対立が理解される。アガメムノンの悲劇的行為は民族のために個人を犠牲にすることであり、それは普遍のために個別が否定される行為であって、倫理的普遍性をもつ価値あるものであった。それゆえ、あくまでも理性の立場から理解されうる行為であり、人々から賞讃されるごとき種類のものであった。

それに対し**アブラハム**の方はというと、彼は神の命令によって人道を無視した非道徳的殺人行為をすべく強制され、自分でも他者によっても理解できない背理の中に立たされている。その行為は背理なるゆえに信じると語ったテルトゥリアヌス（Tertullianus, ca.160-ca. 220）のいう**信仰の逆説**を意味する。だから、誰からも理解されず、賞讃もされず、ただ沈黙が見られるだけである。

人間的には不条理としてしか見えない。

ところで、このアブラハムの信仰をおそらくもっともよく理解しているのは北欧の画家レンブラント（R. Rembrand, 1606-69）ではなかろうか。彼は、アブラハムが刀をぬいて今まさにイサクを殺そうとする姿を描き（写真）、かつ、同時にアブラハムの手を天使がおさえて殺害行為を阻止しているものとして描いた。だから、アブラハムは不可解な神の命令に服従して道徳に反する尊族殺人をしたのであり、同時にそうしていないのである。イサクを殺していて殺していないとは矛盾である。ところが信仰は、キルケゴールが主張するように、この否定と肯定との二重の運動を同時併発的に遂行するのである。ここに人間的可能性を越えた神的可能性の前に人は立つのである。

他方、アガメムノンの方はどのような結果となったのであろうか。娘イピゲネイアの犠牲によって遠征の途につき、首尾よく凱旋し、娘も神の手によって救いだされているが、妻のクリュタイメセトラのうらみをかい、遠征から帰ると妻の手によって殺害される。このことは息子のオレステスによって父の

復讐のため母を殺害することになって、悲劇が悲劇を生む連鎖にまきこまれる。

アガメムノンとアブラハムの対比からわたしたちは次のような根本的相違を知ることができる。アガメムノンは世界（自然と共同社会）のなかにいる人間を、つまり世界によって庇護され、育まれ、拘束されている人間を示す。これに対し、アブラハムは神の前に立ち、世界に背を向けて、ただ神との信頼関係、人格的応答関係の中に立つ個人を表明している。

世界に対する態度が両者において非常に相違しているといえるであろう。ギリシア的人間は世界をコスモス、つまり美しい飾りとみて、宇宙が人間を庇護し、国家社会も同様であって、個人に優る尊貴な姿をもっているものとみなす。コスモスとポリスによって庇護を人間は得ているわけであって、個人と世界とは素朴に和合している。それに対しヘブライ的キリスト教的人間は世界をこのようには見ない。コスモスは神によって創られた被造物であって、非神聖視されているのみならず、現実の世界は現世的権力の支配する場であり、悪によって満ちている。ただ神の力によってのみ個人は世界から救いだされるのである。

ヘレニズム時代に入るとギリシア的思惟も個人に優位を認めるようになる。たとえば、ストア哲学では宇宙に優る個人の思惟による自律が説かれたが、キリスト教はこれに対立している。キリスト者は個人の自由を理性ではなく、神に対する信仰の中に見ており、自己の理性によって自律し人間と正面からの対決をいどんでいる。人間観が根本的に変化していることをわれわれは認めざるを得ない。この人間観の変化を旧約聖書の創造物語と預言者の思想のなかに、つぎにイエスと使徒パウロの中といった具合にわたしたちは求めることができる。

それに先立ってもう一つの例をギリシア思想から挙げてみよう。オイディプス神話からエディプス・コンプレックスという人間の深層心理が明らかにされたように、この物語はさまざまに解釈できる内容をもっており、真理と自由についてもわたしたちに教えるところが多いように思われる。

ソフォクレス作『オイディプス王』を読むと、すぐれた知性の人オイディプスが自らの武力をもって知らずして父を殺し、自分の知力をもってスフィンクスの謎を解き、テーバイの王に迎えられるも、その結果、自分の母と結婚するという宿命を自分に招き寄せてしまった。そしてこの運命が次第に明らかになってゆく有り様がみごとに描かれる。その際、わたしたちはオイディプス王が自分に隠されていた真実相つまり真理を探求しようとし、自己の宿命を徹底して追求しようとした点に注目すべきである。

このオイディプスとイエスとを比較してみると前者は神話的人物であり、後者は歴史上の人物である相違はあっても、両者とも王である点がまず似ている。もちろん世俗の王と神の国の王とは異質である。だが、二人とも大きな苦難を負っている点が共通している。オイディプスは自己の宿命を知り、自ら目をくりぬいて呪い、自己を国外に追放し、放浪の旅に出る。神の子のイエスも最も悲惨な刑罰である十字架にかけられ、神に呪われた者として最期をとげる。このように酷似した生涯を送った二人であったが、人生の最期の死についての見方が全く相違している。オイディプスは自分の運命から解放してくれるのは死である、死が自分の救いなのであると言う。それはソフォクレスの『**コロノスのオイディプス**』の中で次のように語られている。

救い主はすべての者に最後には等しく現われる、
ハデスの運命が、結婚のことほぎの歌もなく、
竪琴の楽も、踊りも伴わずに、現われる時、
そうだ、最後には死だ。(高津春繁訳、以下同じ)

オイディプスは死がすべての人に平等に訪れるものであり、これによって重荷から解放されると言う。死は恵みであり、彼は喜んで死を迎える。個人の運命を澄んだ眼差《まなざ》しで見、そこに真理を捉えようとすれば、そこにこそ真実相が把握され、これ以外はすべて虚偽としか考えられない。

この死に真実があるからこそ、彼の現在の生活は忍従に耐える気高い心で支えられる。「わずかなものをおれは乞い、それよりももっとわずかなものを得るだけで、おれは満足するのだ。忍従、これを数々の不幸、おれが共に生きて来た長い年月、最後に気高い心が教えてくれるからだ」。

ギリシア的知性はここにもっとも深い自由を捉えている。人生の現実をそのままに見て、そうあらねばならないと認めたとき、雄々しくも気高い心でそれを生きぬくこと、これが自由である。ゼウスに逆らったプロメテウス的反抗の自由も実は鋭い知性によって洞察された現実認識によって裏打ちされている。後にスピノザが「必然性の認識がすなわち自由である」とこの自由を明瞭に定義した。人生に描いた美しい夢が破れたとき、こうあらねばならなかったのだと知ること、そうしてそれを気高い心で生きぬくこと、ここに**ギリシア的知性が捉えた自由**がある。

こういう自由に対しイエスの説いている自由はいかなるものであろうか。イエスは十字架に向かってそのような道を歩んでいったが、自分は真理に従って生きていると確信していた。真理とはイエスが神について見、かつ証ししているものである。一言でいえば、それは神が愛であるということである。運命は呪うべきものであったとしても、なおその奥に神が愛であることをイエスは説いたのであった。彼が進んで十字架の刑を受けたことは、十字架の運命を彼が担うことによって神の愛が明らかになり、これによって人々が救済されるという真理が啓示されるためであった。この救済が罪からの解放としての自由である。自由となった者はいままでの生き方をやめ、イエス・キリストとの新しい交わりの中に入れられている。これが「真理につく」決断と言われていたものである。

オイディプスは人間の現実がその深層においていかに悲惨な運命を宿しているかということを真理として説いた。この悲惨な宿命をイエスは神の愛によって克服しようとした。ここに真理の二つの見方がある。一つは現実をありのままに見るということであり、もう一つは同じことを神の目によって見ることである。この二つの見方の相違は、ちょうどわたしが失敗をやって恥かしさのあまり目をあげることができないのと、わたしの先生なり指導者なりが、試行錯誤によってわたしが少しずつ真理を学ぶようになることを知っているのとの相違である。この相違を譬えもって言うと、それは醜く不潔な末娘のシンデレラのなかに未来の王女の姿を見るようなものである。目下のシンデレラは、グリム童話で「灰かぶり」と呼ばれているように、ありのままでは見るに耐えられないものであるが、神の目には美しい王女の姿が映っている。したがってギリシア的知性をもってありのままに見る真実相と、神の目をもって見る真実相とは同じ一つの現実を見ていても全く異なっているのではなかろうか。キリスト教は人生のありのままの姿を見ながら同時に神の目でもって見ることを教える。

人間とは何かという問いは漠然としていてとらえどころがない。何かとは、ものの本質を問うのであって、どうしても抽象的になってしまう。たとえば「人間とは理性的動物である」という昔からの定義は、類概念の「動物」に種差「理性的」を加えて造られる論理学の定義であっても、誰にでも当てはまる一般的な内容である。こうした定義の内容は人間の全体的な営みのうちに一貫して流れていても、それは抽象的な概念によって頭だけで理解されるものにすぎない。もっと個性的な把握はないだろうか。こうした個性的な理解は各人が個性的に営む歩みの中に直接生《なま》の形で表出されており、とりわけ「生活史」(Lebensgeschichte) つまり「**人生物語**」の中によく表現されていると思われる。

確かに一人として同じ人間がいないように、各人が営む人生は一つの独自な物語として語られることが直ぐに見いだされる。実際、一般の人の目には隠されたひとりの人格の特質は、個々人がそれぞれ生きた人生物語の中に生き生きと表明されている。それを知ると、わたしたちは驚きや、ときには畏敬の念を感じさせられる。このような人生物語には抽象的な概念を使って一般化できない生ける生活体験が含まれており、それが自伝や歴史によって表出されることでわたしたちに伝達される。

現代解釈学の哲学者リクール（Paul Ricoeur, 1913 - 2005）は「物語的自己同一性」という概念によって人間にとって意味ある時間と通常の時間とが「物語」によって統合され、形象化されうると主張した。彼によると人生物語とは物語の筋にほかならず、筋とは出来事の組立てなのであって、筋による組立てが物語の論理を構成し、これによって人間の行為が説明され、理解されるようになる。これが「物語的理解」である。したがって人間とは何かという問いはこうした人生物語によって生活に即して答えられると言えよう。というのも人生を一つの物語として語ることによって、そこにいつも変わらずに表現されている「自己同一性」が把握されるからである。リクールによると、ある人物の「誕生から死まで伸びている生涯にわたってずっと同一人物であるとみなすのを正当化するもの」は物語しかない。実際、「物語は行為のだれを語る。〈だれ〉の自己同一性はそれゆえ、それ自体物語的自己同一性にほかならない」（リクール『時間と物語』第3巻、久米博訳、新曜社、1990年、448頁）と言われる。ここに誕生から死に至る全生涯を通して自分が同一人物であることが証しされる。

この物語の第一の形態は読み手と書き手が同一である「自伝」である。第二の形態はある共同体の歩みを物語った「歴史」である。だが歴史における自己同一性は、時間過程で変質することがあるので、各人の主体の特質を汲み尽くすことはできない。各人の個人的な特質が真の自己性を得るためには、どうしても倫理的責任をとる決意が必要とされる。「各人に、わたしはここに立つ、と言わせる決意」つまりルターのヴォルムス国会における決意が不可欠となる（リクール前掲訳書、453頁）。

こうして人生物語には各人に固有な生き方が表明されており、そうした表明の中でわたしたちは生活の深みに存在する姿をも同時に把握することができる。この各人の最深の自己は、「魂」とか「心」もしくは「霊」と呼ばれる。もちろん各人の置かれた文化的状況によっては心の発現は相違するであろう。たとえばギリシア文化とヘブライ文化では人間の理解も世界の理解も相違するし、仏教とキリスト教では全く異質な自己理解を生み出している。さらに、わたしたちはこれらの自己理解の**共通性**をも確認することによって、同時に人間の時代的な**特殊性**をも豊かに捉えることができるのではなかろうか。

キリスト教思想史の例話集 Ⅰ　物語集

目次

III　旧約聖書の歴史物語　91

VI　中世思想家たちと愛の物語　172

IX　近代文学の物語　267

X　現代思想との対決　299

I　宇宙創成説と創造説

はじめに　神話時代とは何か

ヨーロッパの古代には神話によって天地の創成が物語られる。これらを一瞥《いちべつ》して旧約聖書の創造物語を比較して見ると、聖書宗教の特徴が明らかになる。古代のバビロンやギリシアの神話には壮大な規模の創造叙事詩があって、それによって神々が賛美されたが、同時にそこには神々の間に激烈な闘争が演じられていた。バビロンの叙事詩は紀元前2000年も前の太古の時代に作られ、バビロンに捕囚民として連行されたイスラエル人によって、その神話を批判しながら旧約聖書の創造物語がつくられた。

物語1　バビロン神話

バビロンの創造叙事詩は紀元前2000年頃に書かれた。その冒頭の賛歌は始原の神々による新しき神々の誕生を物語る。原始の海である男神アプスーは淡水の大洋であり、同じく原始の海である女神ティアマトは塩水の大洋である。この神々から生まれた神々のうちアヌは天の主であり、ヌディムドはエアとも呼ばれる海の支配者である。このエアからバビロン市の守護神マルドゥクという太陽神が誕生する。原始の神々と新しい神々とが戦いを起こし、マルドゥクはティアマトを打ち倒し、その身体から世界を創造し、エアはティアマトの血から人間を創造する。

バビロン神話には始原の神としてアプスーとティアマトが登場するが、両者は原始の海である。これらの神々は互いに男と女として、来るべき万物を孕ませる者と身ごもる者である。「そのさ中に」源を発し、生まれてくる神々の長い発生史の中で、若い神々がバビロン人たちの偉大なる守護神であった。だがアプスーとティアマトはその子孫たちと死闘を演じる。というのは子孫の神々が「天の住家の真っ直中で歌を唱えて、ティアマトの心を掻き乱す」という出来事が起こったからである。つまり若い神々が騒々しくて、親たちの静寂を破ったからである。しかし若い神々は最初の合戦に勝利をおさめ、アプスーを魔法にかけ、眠らせて撲殺すると、ティアマトは撲殺された彼女の情夫の復讐をしようとして、原始世界の竜として現われる。若き神々は戦慄に襲われて、ただ一人彼らを救いうるマルドゥクに全権を委ねる。マルドゥクは、電光で武装して、戦いにのぞむ。恐ろしい大合戦が起こり、彼は唸り狂うティアマトを捕える。ところで神々の戦闘が終局に至ったとき、マルドゥクは母であるティアマトの死体から初めて世界を創る。

主はティアマトの死体を見て、胴体を分かち、
精巧なるものを創り休みたり。
主は貝殻のごとく、彼女を折半し、
半分を据えて天を覆えり。
エアは彼［ティアマト］の血より人間どもを調合して創りだし、
神々の礼拝を課し、神々をば解放せり。

（バビロニアの創造神話「エムマ、エリシュ」にはこのように世界の創成が語られ、新年祭にバビロンの神殿で朗唱された。訳文は私訳でヴァイツゼカー『科学の射程』、野田・金子訳、法政大学出版局、37頁参照）。

物語2　ギリシア神話

時代は降って紀元前7世紀に、農民詩人ヘシオドスは、ポイオティアにて神々の血統についての神話を集成した。彼は『神統記』のはじめのところで宇宙創成の神話を記している。

まことや初めに混沌生じたり、次に生まれしは広い胸の大地なり。
そは積雪のオリュンポスの山頂に住む神々の久遠の住まいなり。
次には人通わざる地の果てタルタロス［奈落］の暗黒が。
同時にエロス［愛］も。こは永遠なる神々のうち最美の者なり。
エロスは神々と人間すべての胸深く潜む欲情を抑え、
考え深い思慮をもうち馴らす。
さて混沌より夜とエレポスなる幽冥が生じた。……
ガイアは己れに等しき大きさの星をちりばめたウーラノス［天］を産み、
さらに天は大地を限無く覆えり。久遠の神々の永遠不動の御座所として。

（この訳文も私訳であるが、ヘシオドス『神統記』広川洋一訳、岩波文庫、21―23頁参照）

ギリシア神話では天と地の結婚から新しい神々が誕生するが、彼によると天の神ウーラノスによって受胎した大地（ガイア）は、多くの力強い、恐るべき神の子らを産んだ。だが子どもが生まれると、ウーラノスは大地の奥処にすべてを隠し、光明の世界へと昇って来させず、悪業を楽しむ。しかし広い大地のほうは子どもらを腹に詰め込まれ、心の中で呻き、心痛やるかたなく、遂に奸策《かんさく》をめぐらす。彼女は鉄の大鎌を作り、末子クロノスに渡すと、彼は母のため父に復讐する。ウーラノスが再び母に近づいたとき、クロノスは父の男根をかっ切って去勢する。こうして彼は世界の主《しゅ》となった。だが彼は、自分の子どもらが、彼が父にしたのと同じように、彼になして、王座を追うかも知れないとの恐れから、子どもたちが生まれるとすぐ呑みこんでしまう。末子ゼウスは策略によって救いだされ、父クロノスを倒す。彼も暴風の神であったので、その武器である雷神の矢をもって父の兄たちのティタン族とすさまじい戦いを交え、オリュンポスの神々の支配を樹立する。

これらの神話と比較すると聖書の創世記にある**天地創造の物語**は実に見事な叙述であるといえよう。

物語3　天地創造の物語（創世記一―二章）

旧約聖書の創造物語を書いたユダヤ人の祭司たちは、バビロン捕囚の期間に、したがって西暦前6世紀に、バビロン神話に対決して創造物語を作った。この物語はヘシオドスよりも、またマルドゥクとティアマトの讃歌よりも新しい。ユダヤの祭司たちはバビロン文化の啓蒙思潮の影響を受けたが、その神話が自分たちの信仰と相容れないものであることを悟り、バビロン人たちとは違った創造物語を作った。彼らの神は自然力でも王権でもなく、世界を超越した人格神であった。

ユダヤ人が信じた神は世界と人間を、その言葉「……成れ」によって創造する。それはプラトンのデミウルゴス（世界創造神）のように工匠として何らかの素材から世界を創造（造形）したりしない。彼らが信じた創造神によってギリシア人が帰依したコスモスの神聖さは否定され、世界と人間は等しく神によって創造された被造物であるが、人間は神の姿に似せて創られているところに人間の優れた地位が認められた。この神は人間に親しく語りかける。これが旧約聖書の神の特筆すべき性格である。しかも神が人間に「あなた」と語ることによって、人は神に対し「あなた」と答えることができるようになった。このような対話によって人格的な神が、人間を人格にまで育成するのである。だから預言者イザヤは、「あなたはわたしのもの。わたしはあなたの名を呼ぶ」(イザヤ書四三1)と言う。こうしてイスラエルの宗教は、神に対する人間の関係のすべてを、この神が語り、人が聴くことに集中させる。それゆえ信仰とは聞いて従う「**聴従**」なのである。

キリスト教の思想は他の宗教と比較すると、**人格的な特質**をもっている。このことは古代の自然宗教と比較してみると明らかである。とりわけこの点は、古代の神話にある世界創成説とユダヤ教の創造説を比較してみると明らかとなる。

旧約聖書の冒頭には天地創造の物語が記されている。創世記第一章から第二章4節までの記事は、学問上「祭司資料」と呼ばれる。それに続く第二章の終わりまでの記事は「ヤハウェ資料」と称されており、最古の資料である。祭司資料というのは、イスラエルの滅亡のときバビロンに連れていかれた祭司たちが当地の文化に触れ、自分たちの文化的伝統を保存するために古い記録に加えられた創作である。なかでも異教のバビロン神話に対決して彼らは天地の主なる神による世界創造を説いた。そのはじめの部分を引用してみよう。

初めに神は天と地を創造された。地は混沌として、闇が深淵の面にあり、神の霊が水の面を動いていた。神は言われた。「光あれ。」すると光があった。神は光を見て良しとされた。神は光と闇を分け、光を昼と呼び、闇を夜と呼ばれた。夕べがあり、朝があった。第一の日である。……神は言われた。「天の大空に、昼と夜を分ける光るものがあり、季節や日や年のしるしとなれ。天の大空に光るものがあって、地上を照らせ。」そのようになった。神は二つの大きな光るものを造られた。昼を治める大きな光るものと、夜を治める小さな光るものである。また星を造られた。神は地上を照らすため、それらを天の大空に置かれた。昼と夜を治めるため、光と闇を分けるためである。神は見て良しとされた。夕べがあり、朝があった。第四の日である。（創世記一1―19）。

この創造物語には創造以前に混沌状態が描かれ、「神の霊が水の面《おもて》を動いていた」とあって、バビロン神話で始原の神であった「水」の上に、それよりも高処にあって力において勝る神が「霊」をもって支配している有様が述べられる。ここでの「霊」（ルーアッハ）は「息」を意味する。この息によって人は生きるものとされたとも語られている（同二7）。これに対し「水」と「地」は神ではなく、未だ形を与えられていない混沌とした「素材」にすぎない。この素材に神の息が吹き込まれると、それらは生命をもつ被造物として創造されるのである。

次に「光あれ」と神の言葉が発せられる。それ以前は闇に閉ざされていたのであるから、神の言葉は闇を駆逐する光として臨むが、この光は4日目に造られる太陽と月の光から区別される。バビロン神話では主神マルドゥクは太陽神であり、月や星もこの星辰宗教では神々として崇められた。これに対し聖書の宗教では人格神による天地創造が告げられ、太陽は大きい光る物、月は小さい光る物、つまり被造物であると宣言される。したがって最初に「光あれ」と言われた場合の光は、物理的な光ではなく、神の霊が闇を駆逐する命の光となって世界に現われてきたもので、この光を受けて被造物は根源的に神への方向性を内に宿す。それはちょうど植物が光に向かって身を乗り出す脱自的な運動に等しい。この被造物に潜んでいる神への方向性こそ創造思想の根底に宿っている事態であるといえよう。世界を含めて人間は有限な被造物であり、創造者に対向する「被造としての方向性や情感」を心の奥底に秘めている。つまり人間は神ではなく、神に依存し、かつ、神に対向する存在なのではなかろうか。

ところで新約聖書のヨハネ福音書記者は、その冒頭において、同様な思想を神の言葉の先在として語る。そこでは神の言葉（ロゴス）は神の力を意味する。創世記で光が闇に対決していたように、神の言葉がこの世に関わり、創世記の霊は生命として語られる。そして両者とも神の人への関与を「光」によって表す。したがって神の言葉は「人を照らす光」として到来するキリストを指し示すのである（ヨハネ一1―5参照）。

［研究1］人間の創造について比較考察

次にわたしたちは人間の創造について創世記の記事を古代の神話と比較してみよう。まずギリシアでの人間観を取りあげてみる。

ギリシアの神話時代における人間観　プラトンの『メネクセノス』でソクラテスは当時の人々の考えを寄せ集め、アテナイを次のように称賛する。「かつて、全大地が動物と植物の雨域にわたりあらゆる種類の生物を送り出し、生み出していたとき、わが国土は野獣を生まず汚れを知らなかった。彼女は諸動物のなかから自分のために選択をなし、知において諸他の動物を凌駕し、ひとり正義と神々を信奉する人間を生み出したのであった」（ガスリー『ギリシア人の人間観――生命の起源から文化の萌芽へ』岩田靖夫訳、白水社、1978年、40―41頁）。人間は大地から自然に発生したというのが、一般的な見方であった。しかし、それとは別の見方もあって、神々が泥や粘土から人間を形造ったとも言われる。プロメテウスが土塊から人間を造り、人間のために天からゼウスの火を盗み与えた、とも物語られるが、アイスキュロスの『縛られたプロメテウス』では人間の創造については語られていない。ヘシオドスも沈黙している。ただ後代のオウィディウスがこの点に関して次のようにわたしたちに伝えている。

野獣よりも神々しい生物、残りの全自然を支配すべき生物はまだ存在しなかった。それから人間が生まれた。その誕生の次第は次のふたつの場合のどちらかだと思われる。すなわち、造物神が神々の種子から人間を造ったか、それとも、大地が、高邁なアイテール〔大空〕から引き離されたばかりでまだ瑞々しく、親しい大空の種子をいくらか宿していたときに、プロメテウスがそれを降雨と混ぜ合わせ、万物を支配する神々の似姿へと造形したのか、そのいずれかであろう。（ガスリー、前掲訳書、45頁）

次に人間の誕生についてのザグレウスの神話もギリシア人の思想をよく表現している。また、ヘシオドスの五時代説（第1時代は黄金の時代、第2時代が銀〔白銀〕の時代、第3時代が銅〔青銅〕の時代、第4時代が英雄の時代、第5時代が鉄の時代。）も見過ごすわけにはいかない。それによると人間の五種族が造られ、そのはじめに黄金時代があったと説かれた。そこには黄金時代にせよ、英雄時代にせよ、現在失われたものが再び与えられるかもしれないという希望が表明される。だが、この希望は、パンドラの「希望」のように、ペシミズムの暗い色彩によって覆われており、後代に説かれた外来の「循環」思想による「黄金時代」の再来ほどには強力ではなかった。

ところでギリシア人のあいだにプロメテウス像が定着してくるに及んで、知性による進歩の観念が芽生えて来た。この神話化された人物のもっている意味は「前から知恵を働かす者」つまり「あらかじめ考える者」であり、そこから「先立つ思考」が人間にとり大切である点が示される。だから彼のもたらした恵みとは、人間の理性活動の成果であり、千慮《せんりょ》の神に助けられて人は知性の働きによって進歩することができる。そこから技術文明も開花するし、新しい神ゼウスに対するプロメテウス的反抗としての自由も生まれる。

創世記における人間の地位（創世記一26–27）　旧約聖書の冒頭にある天地創造の物語の中には人間の創造についての記事が残されている。「我々にかたどり、我々に似せて、人を造ろう」（一26）、また「神は御自分にかたどって人を創造された。神にかたどって創造された。男と女に創造された」（一27）とある。前のテキストは一人称複数形で、後のテキストは三人称単数形で述べられた。前者の「我々」というのは「我」の強意的表現といえよう（後代の神学者たちはそこに三位一体〔父・子・聖霊〕の存在を感じ取っていた）。

次に「かたどって」という表現は人が神と同じ形に造られたということを意味しない。神人同形説は、「神の像を造ってはならない」という十戒に反するがゆえに、考えられない。「かたどって」とか「似せて」とかいうのは、あるものに絶えず対向していると、自ずからその影響を受けてそれに似た存在に変えられることを意味するであろう（旧約学者の太田道子は「かたどって」を「写し」という訳語をあてる）。

このような神と人との関係は、人を「男と女に創造された」ということによっても具体的に示される。なぜなら男と女とは、それぞれの性質が全く相違していても、交わりをとおして協力し、かつ、一致して生きるように定められているからである。男と女とが異質であるのに互いに他に向かい合っているように、神と人とも対向し合っている。神から人に「命の息（霊）」が吹き込まれると、人は生きるものとなったので、人もまた絶えず神に立ち向かって、その意志にしたがって自己を形成すべき使命をもっているといえよう（後代の神学者たちは三位一体〔父・子・聖霊〕の存在を感じ取っていた）。

〔研究2〕堕罪と楽園喪失の物語

堕罪の物語はとても簡潔で分かりやすいが、そこにはどんな意味があるのだろうか。


主なる神が造られた野の生き物のうちで、最も賢いのは蛇であった。蛇は女に言った。

「園のどの木からも食べてはいけない、などと神は言われたのか。」

女は蛇に答えた。

「わたしたちは園の木の果実を食べてもよいのです。でも、園の中央に生えている木の果実だけは、食べてはいけない、触れてもいけない、死んではいけないから、と神様はおっしゃいました。」

蛇は女に言った。

「決して死ぬことはない。それを食べると、目が開け、神のように善悪を知るものとなることを神はご存じなのだ。」

女が見ると、その木はいかにもおいしそうで、目を引き付け、賢くなるように唆していた。

女は実を取って食べ、一緒にいた男にも渡したので、彼も食べた。二人の目は開け、自分たちが裸であることを知り、二人はいちじくの葉をつづり合わせ、腰を覆うものとした。

その日、風の吹くころ、主なる神が園の中を歩く音が聞こえてきた。アダムと女が、主なる神の顔を避けて、園の木の間に隠れると、主なる神はアダムを呼ばれた。

「どこにいるのか。」（創世記三1―9）

わたしたちは個別的な属性の一つ、神の霊性（Spiritualität）をまず問題としよう。旧約聖書は、事実、神の霊（Geist）について語っている。しかし、それだからといって、質料（物質）に対立している非質料的なるものが考えられているのではない。聖書は質料の概念を知っていない。旧約聖書での霊とは息である。だから、創造物語のテキスト第一章2節にあるルーアッハ・エロヒム（神の息）をもって「神の霊」と訳す代わりに、「神の嵐」と訳すことができる。だが、その場所で鳴り響いている言葉は吐く息である。そして動物も人間も、そのおのおのは、息をするかぎり生存している。だから、わたしたちが語ることができるための息がわたしたちの生命である。息は、わたしという人格を感性的に顕示するものである。また、神の霊は神的生命を表わし、この生命によって人間は、自己自身を超脱《ちょうだつ》して高められ、神の言葉を語り、神の行為を行なうのである。

わたしたちはまさにこのことを創造物語のもとで観察することができる。創造物語は、聖書の中でも理性的にもっとも完成している部分の一つである。創造物語は比較的後になって他の聖書のいくつかの物語の前におかれたのである。このように創造物語が理性的に完結していることが、これを宇宙論的に考察可能となっている。ところがこうした完結性が理論的考察を可能にする出発点となっている。だが、まさしくこの物語的な完結性が、創造物語をして聖書の単なる前置きとなっている。創造物語は、どのようにして神と人との契約を締結するために舞台装置として作成されたと言えようか。そうは言っても蛇が登場しなくては物語は完成しない。したがって堕罪の物語は、実際、創世記第一章に記されている創造物語よりも古く、神学的にはいっそう重要なのである。なぜなら、もしわたしたちがただ創造物語だけをもっているならば、わたしたちが立つことができる場所はどこにあるのか、と問われるであろうからである。人類史的な出来事が起こるためにはどうしても罪がなければならないのだ。罪がなければ歴史は成立しない。

マックス・シェーラー（Max Scheler, 1874 - 1928）は言う「この世界史の初めには一つの罪責が立っている」（Am Beginn dieser Weltgeschichite steht eine Schuld.「人間における永遠なるもの　上」、小倉貞秀訳『シェーラー著作集　第6巻』、88－89頁）と。つまり歴史は罪という出来事によって開始したというのである。創造物語はひとりの全能なる善き神によって、どのように万物が創造されているかを、告知する。だが、神の創造が語られたとしても、人間にとっては意味がある出来事は起こってこない。単なる自然史がそこにはあるだけである。だが、罪があるからこそ無からの創造(creatio ex nihilo)が説かれたのである。自然史だけであったとしたら、人間に歴史は起こるはずがない。このようなことは明らかに聖書の見解ではない。

聖書にとって神とは、善と悪とを分かつ神である。善は神のわざであり、悪は神のわざではない。悪は神によって斥けられる。しかし悪は現実的であり、人間は絶えず悪をなす。これが世界の現状である。それゆえ創造の神話に堕罪の神話が続かなければならない。創世記第三章でこの神話が物語られ、偉大なる詩人は、蛇の狡知がどこから来たかを述べていないことによって、知ることができない出来事の理解を示している。彼は語りうるかぎり厳密に語っているが、知りえない事柄については沈黙する。いずれにせよ、アダムとエバの堕落でもって初めて、最初から神と人間との闘争である歴史は始まるのである。

こうして人間自身が神から背反し、日々に神から離反し続けている。歴史を動かす力である神と人間との対話は、もっぱらこの離反に対する贖《あがな》いと癒《いや》しをめぐって展開する。契約もこの闘争の中の一つの行為なのである。神からの離反が死であり、神がわたしに語りかけるときはいつでも、神はわたしを生命へと呼び出したもう。信仰とはこの神の呼びかけを信じて信頼を寄せることの他に何も意味しない。

こういう意味の深い出来事はやはり神話なしには表明されえない。ここにアダム神話が堕罪をめぐって展開し始める。神と人間との闘争は、物語を通してのみ生き生きと示される。この闘争の物語を歴史の出来事の中心に据えない理論的な試みは立てないで、単なる比喩や象徴とすることは、ユダヤ教とキリスト教の基礎経験を最初から排除することになる。

補説　このような思想が古代末期の思想家であったアウグスティヌス(Aurelius Augustinus, 354-430)ではその著作『**神の国**』で次のように説かれた。世界は神の意志によって創造されたかぎり、善であるが、「無より創造された」(creatio ex nihilo) かぎり、可変性 (mutabilitas) を免れない (XII. 1)。この創造における欠陥は、罪が犯される悪の可能性であるばかりか、同時にそれなしには悲惨となるもの、つまり神の恩恵を求める志向を起こさせる。このことはまた人間の定義とに関係する(XXII. 23)。「人間は非理性的動物のように地に向かってかがんでいるいるようには造られていない。そうではなく人間の体格好は直立し、天に向かって顔を向け、上にあるものに心を向けるように造られている」(XX. 11)。このような欠陥がアダムの行為となり、人間は「死に至る存在」となる。アダムに起こった内面的な出来事はアダムの子どものカインとアベルに現実化し、世界は二つの国の歴史となる（XIV. 1）。そして歴史は創造の6日に該当する六時代に分かれ、キリストの再臨と審判による第7の安息時代が来ることによって歴史は終局に達し「死に至る存在」は「永遠の生命」にまで至る。

II　ギリシアとイスラエルの歴史伝説

古代伝説の時代

歴史以前の時代には**神話**が人々の考えを伝承している。この神話は**物語**を意味する。そこでギリシア神話から注目すべき思想を学んでおきたい。まず挙げられるのは**ホメロス物語**であった、そのなかでアガメムノンとキルケの変身、またオイディプス王の伝説とオウィディウス『**変身物語**』を採り上げてみたい。次に悲劇作家ソフォクレスの**人間讃歌**を簡単に説明してから**ソクラテス物語**を紹介する。

さらにイスラエルの歴史伝説を**族長物語**――アブラハム・ヤコブ・ヨセフとモーセの召命でもって語ってみよう。

物語1　アガメムノン物語

ホメロス物語で有名なアガメムノンはミュケナイの王であって、トロイア戦争でギリシア軍を率いた総大将であった。彼はギリシア側の王たちを率いて戦ったので、その後「王の中の王」と呼ばれた。しかしその偉業よりも身に纏《まと》った傲慢にして非情な態度によって多くの悲劇の主人公とされた。トロイア戦争に出陣する際に逆風が吹きはじめると、船出ができなくなることを危惧して、娘イピゲネイアを女神アルテミスに生贄《いけにえ》としてささげたため、妻から憎まれ、戦勝後にトロイア王女カッサンドラを愛妾《あいしょう》として帰還するが、妻とその情夫アイギストスによって暗殺される。

『**イリアス**』第1歌によると彼はギリシア軍第一の勇将アキレウスと衝突し、激しい舌戦を始めた。アガメムノンは「わたしは正妻クリュタイムネストラよりもあの娘を手もとに置きたいのだ」と叫んで、戦役で捕らわれたクリュセイスを妾《めかけ》とする。クリュセイスの父でアポロンの祭司であるクリュセスが娘を解放するように嘆願する。それが拒絶されるとクリュセスの訴えによってアポロンが陣中に悪疫を発生させる。アキレウスの介入でクリュセイスは返還されるが、怒ったアガメムノンはアキレウスの愛妾ブリセイスを奪うという事件が勃発する。それゆえに巻頭で次のように歌われる。

怒りを歌え、女神よ、ペレウスの子アキレウスの——アカイア勢に数知れぬ苦難をもたらし、あまた勇士らの猛き魂を冥府《めいふ》の王に投げ与え、その亡骸《なきがら》は群がる野犬、野鳥の吠《うた》うにまかせたかの呪うべき怒りを。かくてゼウスの神慮《しんりょ》は遂げられていったが、はじめアトレウスの子、民を統べる王アガメムノンと勇将アキレウスとが、仲違いして袂《たもと》を分《わか》つ時より語り起こして、歌い給えよ（『イリアス』上巻、松平千秋訳、岩波文庫、11頁）。

このように『イリアス』は物語を語り始めるが、それはアガメムノンとアキレウスとの戦利品をめぐる争いがことの起こりであった。彼は愛妾クリュセイスの喪失感を埋め合わせようとして、逆上し、前に語ったようにアキレスからその愛妾を奪い取った。この事件についてアガメムノンは後になってから次のように言明した。

わたしが責めを受くべきではない。わたしではなく、ゼウス、モイラ、暗闇をさまようエリーニュスである。彼らが、集会で、わたしの心の中に、獰猛なアーテー［狂気］を投げ入れたの

だ。(『イリアス　下巻』、松平千秋訳、岩波文庫、231頁参照)

このように自分が犯した愚行を狂気の所為《せい》にするなど赦されるものではないが、狂気が攻め込む場所は、人間の心胸《こころ》である。またこれを引き起こす力はその正体が確認されない霊(ダイモーン)か、神か、神々であるが、特定のオリュムポスの神であることは稀である。このような霊力は時折、復讐するエリーニュスとしても登場する。

アガメムノンは、自分のアーテー[狂気]をゼウスが企んだ「なんともひどい迷《まど》いの網」また「惑わしの罠」と呼んだ。またこの破滅は、「利得」や「安寧」と対照をなす破壊作用という一般的な意味を獲得する。この狂気から破滅への移行は「クロノスの御子ゼウスは、わたしをなんとも酷い迷いの網にからめてしまわれた」という残忍な教説に現れている(『イリアス』上巻、松平千秋訳、265―267頁を参照)。

さらに狂気は「罰」としても表象されることによって、道徳的に合理化される。たとえばヘシオドスは、それを傲慢に下される罰とみなし、「貴族といえども罰[アーテー]を逃れることはできない」と言う。このような「悪の負債」は罪人の生存中に支払われなければ、彼の子孫の上に降ると考えられた。このような罰としての狂気は拡大解釈されて、罪人の心の状態を指すばかりか、次の悲劇時代にはそのような心の状態から結果する災厄をも指すようになった。（ドッズ『ギリシア人と非理性』岩田靖夫・水野一訳、みすず書房、1972年、46頁参照）

物語2　キルケの変身物語

神話時代のギリシアではさまざまな霊（精霊）が物語られており、ダイモーン（守護霊）と呼ばれるものとそうでないものとが、つまり自然の精霊や死者の霊があったようである。たとえばケールは幽霊で、恵み深いこともあるが、悪夢・盲目・狂気をひき起こすことのほうが多かった。またヘーロースはもともとは死者の霊だが、有害な活動をすることがあった。その働きがいつも有害な霊もいた。たとえばゴルゴンは冥界または深海のダイモーンである。その中でももっとも恐ろしいのが獰猛な牙をもつメドゥーサで、その髪は蛇だった。セイレーンは海の怪物であり、ヒュドラーは多頭の大蛇、ケルベロスはハデスの入口の番犬であった。死者の怨みをはらす狂暴な霊であるエルニュスたちは、復讐する幽霊で、行いを慎むよう警告するものであった（ラッセル『悪魔――古代から原始キリスト教まで』野村美紀子訳、教文館、143–144頁参照）。

ところでオデュッセウスはトロイア戦争後、祖国に帰還する間に起こった数々の危険に直面した。それが『オデュッセイア』の冒険物語として記されている。その中で「魔女キルケの物語」では秘薬を使う魔女キルケの島に寄航し、彼の仲間の半数がキルケを魔女とは知らないで魔法の薬草を混ぜた飲物を飲まされ、種々の動物の姿に変えられてしまう。この災難を一人屋敷の外にいた部下の報告によってオデュッセウスは知り、他の部下たちを取り戻そうとキルケの広大な屋敷に向かう。だがその途次、青年に扮した神の使いヘルメイアスによって秘策を授けられ、薬草を携えて、その屋敷に乗り込む。

気の毒なお人よ、土地不案内の身でありながら、たったひとり山中を歩いて一体何処へ行こうとなさるのか。あなたのお連れたちは、あそこに見えるキルケの屋敷の中で豚のように、厳重な囲いの中に閉じ込められているのです。あの人たちを救おうとして、ここへおいでになったのですか。救うどころかあなた御自身も無事には帰ることができず、あの人たちと同じ場所に居残ることになるは必定です。しかしよろしいか、わたしがあなたを危険から守り、救ってあげましょう。ほれ、この秘薬を携えて、キルケの屋敷へ行かれるがよい。この薬草があなたの身から、恐ろしい破滅の企みを防いでくれましょう。ところで、キルケの恐るべき企みを残さず話してあげますが、彼女はあなたのためにキュケオーンという飲物を調合し、それに毒を混ぜるでしょう。しかし、そうはしてもあなたに魔法をかけることはできますまい、今お渡しする秘薬がそれを許さぬからです。（ホメロス『オデュッセイア』上巻、松平千秋訳、岩波文庫、261頁）

神の使いヘルメイアスはこのように語ってオデュッセウスに窮地を脱する方法を教える。その様はまさしくギリシア人の守護神にほかならない。

この守護神はさらにオデュッセウスに仲間を救う方法も教えるばかりか、魔女から変身したキルケも良い守護神となって数々の危険を克服する道を教える。オデュッセウスはキルケに送られて出航し、その美声によって人を引き入れるセイレーンの島を通過するとき、彼は仲間の耳を臘《ろう》でふさいだが、彼自身は歌を聞こうと自分をマストに縛りつけさせた。彼は彼女の歌を聞いて、海に身を投じてセイレーンのもとに行こうとしたが、部下の者たちは彼をかたく縛って無事にそこを通過し、さらに一方の断崖には海の魔女スキュツラが、他方の断崖にはカリュブディスがいて災難に陥れようとする。これを見ていたアテーナ女神の嘆願によってゼウスは使者ヘルメースをその地に遣わすことになり、オデュッセウスはこの災難から脱出することができた。

［研究1］　守護神とは何か

ホメロスの物語にもダイモーンが登場する。そこには未だそれが霊であるとの認識がなくとも、何らかの守護霊の導きが感じ取られた。ギリシア語のダイモーンは必ずしも悪なるものを意味するわけではなかった。『イリアス』ではダイモーンはたびたびテオス（神）と同義語として使われる。だが『オデュッセイア』ではダイモーンという語は肯定的な意味よりは否定的な意味をもつことのほうが多い。だがホメロス以後の同義語であるダイモーンと同じく、なお多義的である。ホメロス以後ではダイモーンは一般に神より劣る霊的存在と考えられた（ラッセル、前掲訳書、143頁参照）。

ところでダイモーンの出現の仕方がホメロスでは違ってくる。簡単に言うと『イリアス』では神々が行ったことを、『オデュッセイア』ではオデュッセウスに神々の使いが援助の手を差し出して、彼が陥った境地を脱するように取りはからう。これこそギリシア人の命を守った守護神にほかならない。その中にはキルケのように悪しき魔女から良い守護神に変身するものもいる。この守護神はダイモーンとして危機に際して人々に勇気を吹き込んだり、あるいは分別を奪い取ったりする。さらにソクラテスのダイモーンではそれが「警告」の働きをする良心の働きが見られる（ドッズ『ギリシャ人と非理性』前掲訳書、13頁を参照）。しかしホメロスでは元来ダイモーンはアーテー［狂気］から理解されており、それは非理性的なものを表わし、理性的な目的行動とは異質である（この守護神の変貌については金子晴勇『アウグスティヌス「神の国」を読む』教文館、第4章6節「ダイモーン崇拝の批判」125頁以下を参照）。

物語3　オイディプス王伝説

神話は根源的生をその直接的印象において、つまり嵐が吹き、稲妻のきらめく恐ろしい自然現象においてとらえていた。したがって神々が支配を確立した以前の世界は混沌であり、必然性と宿命（アナンケとモイラ）が勢力をふるっており、人びとは破滅の予感をダイモーンの襲撃としてとらえていた。ホメロスもこのダイモーンについて語っているが、ここではソフォクレスの『オイディプス王』から学んでみよう。

オイディプスは人びとがこぞって羨む知力と権力、富と名誉からなる幸福を一身にそなえもったテーバイの王であった。ところがその父は彼が生まれたとき、デルフォイの神託によって王家に不幸をもたらすと告げられたので、コリントスの山奥深い地で殺されるように手配した。しかし、彼は王の臣下によってそこに見捨てられたに過ぎなかった。だが不思議な運命の導きによって隣国の王家の王子として育てられた。長じて彼は自分の出生について疑いをもち、両親を求めて諸国遍歴の旅にたった。その途次でデルフォイの神殿に神託を再度聞く旅に出向いた父ライオスに出会い、口論の末に自分の父とは知らずに父を殺害し、テーバイの町に降り立ったスフィンクスの謎を解いて、その功績によりテーバイの王妃と結婚する。この王妃が自分の母であることを知るに及んで、彼は自分の不運を呪い、自分の眼を抉りぬいて放浪の旅に出立する。

この物語に出てくるスフィンクスが彼に賭けた謎といわれているものは、デルフォイの神殿の扉に掲げられた「汝自身を知れ」という銘のユーモラスな表現のように想われる。謎の中身はこうである。

一つの声をもち、二つ足にしてまた四つ足にしてまた三つ足なるものが
地上にいる。地を這い空を飛び海を泳ぐものどものうち
これほど姿・背丈を変えるものはない。
それがもっとも多くの足に支えられて歩くときに、

その肢体の力はもっとも弱く、その速さはもっとも遅い。

この謎の答えは、もちろん、「人間」である。人間は生まれると四つ足ではい回り、立ち上がると二つ足で歩き、歳をとると杖に縋って三本足で歩まざるをえなくなるから。しかも、足の数が多いときほど弱く、かつ、遅いという矛盾のなかに人は立っている。この不思議な存在は「人間讃歌」では技術によって優れていると歌われていたが、実にこのオイディプスなる人物の悲惨な生涯のなかにもくっきりと映し出された。というのもすべての人が羨む人物の心中には、彼を破滅に追いやる悪しき宿命の負い目が突如としてあらわになってくるからである。予言者ティレシアスはこの恐るべき宿命を知っていても、人間の力を超えているがゆえに、どうにもならない。「ああ、知っているということは、なんとおそろしいことであろうか知っても何の益もないときには」と彼は嘆く。この宿命が次第に明らかになってくるときの状況について、オイディプスは王妃イオカステ（妻であり母）との会話のなかで次のように語っている。

「その話を聞いてたったいま、妃よ、何とわが心はゆらぎ、わが胸は騒ぐことであろう」。
「おそろしい不安が、わたしの心をとらえる」

「ああ人もしこれをしも、むごい悪霊のなせる仕業と言わなければ、このオイディプスの身の上を、ほかに何と正しく言うすべがあろう」。（『オイディプス王』藤沢令夫訳、岩波文庫、61頁）

このようにオイディプスは破滅を予感し、それを悪霊たるダイモーンの仕業に帰した。合唱隊は嘆きの歌を、オイディプスが両眼をくりぬいて舞台にあらわれたとき、次のようにうたって、ダイモーンの仕業を語る。

おおおそろしや、見るにも堪えぬ苦難のお姿！
わが目はかつてこれほどまでむごたらしい
観物《みもの》をしらぬ。いたましや、どんな狂気があなたを襲ったのか。
どんな悪意のダイモーンが
めくるめくかなたの高みより跳びかかり
幸《さち》うすきあなたの運命《さだめ》を苛《さいな》んだのか。（前掲訳書、98頁）

オイディプスの日常生活はこのダイモーンの力によって破壊され、幸福な人生と思いなしていた自己の存在がいかに霊力の玩弄物《がんろうぶつ》にすぎなかったかを悟る。この明朗な知性の人にしのびよる破滅の予感は、ギリシア的憂愁の情念をよくあらわしている。この世界は秩序ある美しいものであるが、その根源は秩序以前のカオス（混沌）であり、そこに破滅と宿命のダイモーンが荒れ狂っている。生の現実がこのようなカオスであることをギリシア人は知っていた。

物語4　オウィディウス『変身物語』2題

ソクラテスは対話する哲学者であり、問答法によって真理を探究したことはよく知られている。ところで哲学者ゼノンは「人間は耳を二つもつが、口は一つしかないことを忘れるな」とかつて語って、対話で重要なことは「語る」よりも「聞く」働きであり、人間は本性上を「聞く」働きを二倍もそなえている点を指摘した。それゆえ、もし人がこの事実に反して、他者に聞くことなく、自分の主張だけを語り、相手を無視して自己主張に走るとしたら、どうなるであろうか。とくに自分の語ったことばの反響であるエコーだけしか聞かないとしたらどうなるのか。「ナルキッソスとエコー」の昔話こそこうした場合に生じる不幸の実体を如実に物語っている。オウィディウス作『変身物語』巻三にはこの物語がおおよそ次のように述べられている。

その1「ナルキッソスとエコー」の物語

予言者ティレシアスによって「自分を知らないでいれば」老年まで生きながらえると告げられたナルキッソスは、美少年であったため、多くの若者や娘たちが彼にいい寄ったが、非常な思いあがりのゆえに、だれ一人にも心を動かされなかった。ところが、他人が語っているとき黙っていることができず、また自分から話し始めることもできないこだまの妖精エコーが彼を恋するようになった。このエコーのおしゃべりで困り果てたユピテルの妻ユノーは、話の終わりだけをそのまま返す範囲に彼女の舌を狭めてしまった。そんなわけでエコーは相手の言葉の終わりだけしか返すことができなかったので、もとよりナルキッソスに甘い言葉をささやくことはできなかった。偶然にも一度だけうまく彼にとり入るチャンスがあったが、はねつけられてしまった。そこでエコーは森にひそみ、声のみにやせほそっていった。ついに彼女が「あの少年も恋を知りますように。そして恋する相手を自分のものにできませんように」と祈ると、復讐の女神がこれを聞きとどけたのであった。

彼女の復讐はこうして起こった。あるときナルキッソスは泉に渇きを鎮めようとし、そこに映った自分の姿に魅せられてしまった。彼は「実体のないあこがれを恋した」のである。こうして彼に次のような罰が下った。

何もかもに感嘆するのだが、それらのものこそ、彼自身を感嘆すべきものにしている当のものだ。不覚にも、彼はみずからに恋い焦がれる。相手をたたえているつもりで、そのじつ、たたえているのはみずからだ。求めていながら、求められ、たきつけていながら、同時に燃えている。(『変身物語』上巻、中村善也訳、岩波文庫、117頁)

この恋には相手がいない。あるのははかない自分の虚像にすぎない。「おまえが求めているものは、どこにもありはしない。お前が背をむければ、おまえの愛しているものは、なくなってしまう。おまえが見ているのは、水にうつった影でしかなく、固有の実体をもっていない」。こうして、この偽りの姿を見つめながら彼は滅亡してゆく。彼は絶望して叫ぶ「わたしには恋しい若者がいて、彼を見ている。だが、この目で見ている恋の相手が、いざとなると見当らないのだ」と。ついに少年はそれが自分自身であることを知り、予言者ティレシアスの言葉のとおり狂乱状態で死んでゆく。

高慢にも他者の存在を無視し、自分の姿に恋して水仙と化したナルキッソスも、一方的におしゃべりしたため相手の言葉の終わりだけを反響するように罰せられたエコーも、他者の固有の存在に関係することがなかった。そこには正しく聞いて適切に答える聴聞の精神が全く欠如していた。
このギリシアの知性が生み出した昔話が語る真実を「真実の愛」の本質について考えるときの例話とすることができる。

その2「ピュグマリオンと神像」の物語　プラトンのエロース説と対決した恋愛詩人オウィディウスもエロースを男女の性愛という身体的な現象とみなし、愛とは人間化された性にほかならない点を力説してやまなかった。美しいラテン語でつづられた、あの名高い『変身物語』はすべてエロースの多様な姿を形象化したものだが、ここでは「ピュグマリオンと神像」の物語を次にとりあげてみたい。この物語の中にプラトン的な美のイデアが人間化され、それが人間の妻となることによって愛の人間化が象徴的に表現されている。

物語は、キュプロスの英雄ピュグマリオンが現実の女性に失望し、独身生活を守りながら自らの手で創作した純白な象牙の美しい彫像に恋を覚えるようになった、と述べてから、その美をプラトン風に賛美しながらも、人間的にその像にかかわってゆく。

ピュグマリオンは呆然と像を眺め、この模像に胸の火を燃やした。

これが生身のからだなのか。ほんとうに象牙なのかを調べようと、絶えずこの作品に手をあてがうのだったが、いまだに、これが象牙にすぎないとは認められないのだ。口づけを与え、反応があると考え、話しかけて、抱きしめる。肌に指を触れると、そこがへこむようにおもう。からだを押しつけると、そこに青痣ができはしないかと心配だ。甘い言葉を語りかけるかとおもうと、女の子が喜ぶ贈り物を持って来たりする（『変身物語』前掲訳書、下巻74頁）。

やがてピュグマリオンはウェヌス（英：ヴィーナス）女神の祭礼の日に象牙の乙女を妻にしていただきたいと願いでて、それがかなえられ、家に帰ると象牙が柔らかくなり、人間となっていることを発見する。「まぎれもない、人間のからだだった。……そして、とうとう、ほんものの唇に、唇を重ねる。乙女は、口づけに気づいて顔を赤らめ、おずおずと目をあけて、日の光を仰ぎ、恋いこがれるピュグマリオンと、大空とを、同時に見た。女神は、みずからが仲だちした結婚に立ち会った」（前掲訳書、76－77頁）。この物語こそ美の化身から人間のもとにまで下った人間化されたエロースを唱っており、エロースによって人間が精神的秩序に結びつけられることを説くプラトンの理想主義を愚かとみなす。ここにはオウィディウスのプラトン批判が見事に展開する。

[研究2] オウィディウスの『アルス・アマトリア』

オウィディウスはまた人間的な愛の特質を『アルス・アマトリア』(恋の手ほどき、恋愛指南)のなかで具体的に説いたので大変有名になった。「恋の手ほどき」とは愛の技術のことで、この書の冒頭で彼は次のように語りはじめてる。

早い船が帆や櫂で進むのも、技術あってのことである。軽捷《けいしょう》な戦車の走るのも、技術あってのうえである。恋愛も技術をもって指導されなければならない。愛の神は私をやさしい愛の技術の指導者にしてくれた。(「アルス・アマトリア」樋口勝彦訳、『筑摩世界文学大系64』365頁)

彼はローマ人らしく愛のわざを交戦にたとえており、自分の経験にもとづいて「安全な恋と許されたる秘密」を語っていく。この愛の交戦は三つの段階をとる。「今や初めて兵として新しい武装に身を固めてきた者は、まず第一に愛さんとする目標をさがすのに努力することだ。つぎになすべき努力は、気に入った女の心を奪うことである。第三には、愛を長期にわたらしむることである。これが私の限界だ。この競走路こそ私の戦車が［轍を］印しようとするところのものだ。これが、私の戦車を走らせて突き込むべき決勝標だ」（前掲訳書、365頁）。こうなると女性はクピドーの矢を放って鳥を捕えるようにして獲られる戦利品のように考えられてくる。彼は女性にも武装することを勧め、ウェヌス軍神マルスを支配させるべく、「たくましい婦人がたよ、武器をとり、ウェヌスの下に勝利せよ」と説く。だから、男女の戦いの条件はゲームのように同じなのだ。しかし愛の成功いかんは愛の技術にかかっていると彼は次のように説いた。

おん身たちを破滅せしめたものはなにゆえであるかを言おうか。愛し方を知らなかったがためだ。おん身たちには技術が欠けていたのだ。恋愛は技術によって永続する（前掲訳書、396頁）。

では、この技術とは具体的にはどのようなわざであろうか。それは男女の日常生活における交戦状態のなかで激しい対立を愛のやさしい言葉によって、時には追従をもって、あるいは性交の喜びでもって、和合と和睦にいたらせる技術をいう。彼の説く愛の技術、もしくは技巧のもう一つの特質は、愛をできるかぎり持続させ、オルガスムにおいて共歓の合一に達することに求められるであろう。この性愛の喜びは男女とも平等であり、義務からではなく、共感から生じるもので、ここに「許された秘密」を彼は見る。オウィディウスがエロースの本質をこのような身体的オルガスムに見ているのは、ルクレティウスがエロースを挿入と射精に見るのとは相違していても、二人とも愛を性欲という本能の作用と考えている点では一致していた。

プラトンが精神価値である美や美のイデアが宇宙を支配し、人間の愛を導いていると説いていたのに対し、ルクレティウスとオウィディウスとは反プラトン主義に立って日常生活における本能と欲望の達成のうちに愛は満たされ、人間の幸福が成り立っていると主張した。この点で今日のフロイトの考えと彼らは共通していたといえよう。フロイト自身『性に関する三つの論文』のなかで次のように言っているのを見ても、その点は明瞭である。

古代世界と現代世界の愛情の生活における深刻な相違は次の点にある。すなわち、古代人は欲動に重点をおくのに、現代人は対象におくという点である。古代人は欲動を賛美し、これによって下等な対象をも品位づけようとすることに備えているのに、われわれは、欲動の活動自体をさげすみ、ただ対象の優越性によってこれを許そうとすることにあろう。

この発言はプラトンにではなく、ルクレティウスとオウィディウスのエロース説に妥当し、フロイトはこの観点に立って現代人のプラトン主義を批判し、精神分析等による下部構造一元論というエロースの自然主義理論を提唱した。

このような愛の自然主義に対する反論はどのようになされうるのか。参考までに言いますと、わたしの考えは『**愛の秩序**』（創文社、1989年、86－87頁）に出ています。

物語5　ソフォクレスの人間讃歌

ギリシア悲劇が盛えた時代にアポロン神殿の扉に「汝自身を知れ」という銘が書かれていたという。この自己自身を知る自己認識に勝って困難なことはなく、この認識が欠如したがゆえに、人は多くの悲劇を自らの手によって招来してしまう。この痛ましい事実は昔も今も変わっていない。そこでギリシア悲劇作家ソフォクレスの『**アンティゴネー**』で歌われている有名な人間讃歌をとりあげ、人間にとって自己認識がいかに重要であるかを考えてみたい。

ソフォクレスは生涯を通じて120数編の作品を創作したと言われている。彼の作品の表題が分かっているのは90編であるが、実際に残っている作品は僅かに7編にすぎず、加えて一つの断片が彼のものとみなされている。このように歴史の風雪に絶えて残る作品はすべて傑作であるが、これからわたしたちが問題とするのは『アンティゴネー』のなかにある一つの讃歌なのである。

人間讃歌　この人間讃歌は4部からなり、人間を（1）海と大地、（2）動物、（3）人間界、（4）倫理との関係によって把握している。まず第1部から見ていきたい。

不思議なものは数あるうちに、
人間以上の不思議はない、
波白ぐ海原をさえ、吹き荒れる南風《はえ》を凌《しの》いで
渡ってゆくもの、四辺に轟く
高いうねりも乗り越えて。
神々のうち　わけても畏い、朽ちせず
たゆみを知らぬ大地まで　攻め悩まして、
来る年ごとに、鋤き返しては、
馬のやからで耕しつける。（呉茂一訳、岩波文庫、27頁以下）

ソフォクレスは人間の不思議な存在についてこのように語りだす。その不思議な有様は航海術と農耕術にある、と続けて歌ってゆく。確かにこの二つの技術こそ原始時代と未開時代から文明時代を分けている特質であろう。

ところでアンティゴネーの悲劇はどうして起こったのか。彼女はテーバイ王家の王女であり、父は先に述べたオイディプス、母はイオカステであった。悲劇はさらに波及してその子たちのうちにも訪れる。あたかもアダムの原罪がその子たちに及び、カインがアベルを殺害したように、悲劇の連鎖が生じる。すなわち、オイディプスの出奔《しゅっぽん》の後、二人の王子、エテオクレスとポリュネイケスとは王位をめぐって争い、兄弟合い刺しかえて同時に死んでしまう。そこで伯父のクレオンが王位を受け継ぎ、国家への反逆罪を犯したポリュネイケスの埋葬を禁じるお布令をだす。これは国法ではあるが、アンティゴネーにとって兄の埋葬は法を犯してでも肉親であるかぎり為さざるを得ない。この違反行為はクレオンによって糾弾され、そのとき発せられたアンティゴネーの言葉の中に、先ほどわたしたちが指摘した国法と神法およびその写しである自然法との矛盾対立がみごとに次のように語られている。

だっても別に、お布令を出したお方がゼウスさまではなし、彼の世をおさめる神々といっしょにおいでの、正義の女神が、そうした掟を、人間の世にお建てになったわけでもありません。またあなたのお布令に、そんな力があるとも思えませんでしたもの、書き記されてはいなくても揺るぎない神さま方がお定めの掟を、人間の身で破りすてができようなどと。

（前掲訳書、34頁）

先の「人間讃歌」にある言葉、つまり「国の掟をあがめ尊び、神々に誓った正義を守ってゆくのは、栄える国民」という思想は、もしもアンティゴネーが経験したように国法と神法とが対立していたら、どうなるであろうか。悲劇「アンティゴネー」はその対立からいかなる悲惨な出来事が連鎖して発生してくかを物語っている。もちろん悲劇を直接引き起したクレオンの愚行が厳しく追求されているし、他者の発言を無視し、独善的に振る舞った行為は徹底して糾弾される。人間は神ではない。だから他者の言葉に耳を傾け、自己の行為を絶えず反省してゆかねばならない。そこにこそ神ではない人間らしい倫理がある。「アンティゴネー」の結末にある合唱隊の言葉のなかにそれは次のように歌われている。

慮りをもつというのは、仕合せの
何よりも大切な基、また神々に対する務めは、
けしてなおざりにしてはならない、傲りたかぶる
人々の大言壮語は、やがてはひどい打撃を身に受け、その罪を償いおえて、
年老いてから慮りを学が習いと。（前掲訳書、90頁）

クレオンの愚行は、自分が作った法を神の法に勝るものと見なした「増上慢」（ヒュブリス）にある。ここに語られている「慮り《おもんぱか》」とは、すなわち思慮分別であり、それはまたギリシア人の知恵にほかならない。この知恵は彼らの人間観に発していることは、わたしたちが「人間讃歌」で考察した通りである。

今日わたしたちも技術文明に信頼を置き過ぎてはいないであろうか。人間文化の問題点についてわたしたちは再考を迫られているといえよう。

物語6　ソクラテス物語

ソクラテスが訴えられた理由は二通りの宣誓口述書の中に明らかであるが、最初の訴えはソクラテスをソフィストであると断定する。それに対し、ソクラテスはソフィストでも知者でもなく、自分は愛知者であることを説いた。だが、そのように自覚する契機になったのは、友人カイレポンがもたらしたデルポイ（デルフォイ）の神託である神の証言「ソクラテスよりも知恵のある者がいるか。より知恵のある者は誰もいない」であった。この神託は「ソフォクレスは賢い、エウリピデスはさらに賢い、しかしソクラテスは万人の中で最も賢い」とあったとも伝えられている。この神託を反駁しようとしてソクラテスは知恵ある者と自他ともに許す人々を訪問し、「無知の知」の自覚にまで彼らを追及した。

しかし、私は、自分一人になったとき、こう考えた。この人間より、私は知恵がある。なぜなら、この男も私も、おそらく善美のことがらは、何も知らないらしいけれども、この男は、知らないのに、何か知っているように思っているが、私は知らないから、そのとおり、また知らないと思っている。つまり私は、知らないことは、知らないと思う、ただそれだけのことで、まさっているらしいのです（『ソクラテスの弁明』田中美知太郎訳、新潮文庫、19頁）。

デルポイ（デルフォイ）の神殿の碑銘「汝自身を知れ」はここに一つの哲学的解釈を見いだしている。ギリシア悲劇のように、人間としての分限をわきまえることから転じて、自己の無知を知ることによって、知を愛し求めるという哲学がここに誕生した。

さらにソクラテスの死について考えてみよう。裁判におけるもう一つの訴えは、彼を青年の悪しき指導者、新しい鬼神を拝む無神論者として追及した。たとえば将軍アルキビアデスや政治家クリスティアスを教育した責任がソクラテスに帰せられた。また国家公認の宗教を認めない者が無神論者の烙印を押されている。ソクラテスはこれらの追及にも誠実に答えている。しかし判決の結果、僅かの差によって死刑の宣告を受け、自ら進んで毒杯を仰いだ。ソクラテスは死をも恐れずに愛知活動を貫ぬいた。死を恐れるというのは彼にとっては知らないのに知っているかのごとくに行動する誤りである。死には二つの可能性しかない。一つは「人が寝て夢一つ見ないような眠り」であり、他は「他の場所への旅立ち」である。前者であるならば「びっくりするはどの儲けもの」であり、後者ならばハデスにいって本物の裁判官に会えるし、ヘシオドスやホメロスなどの偉大な人物に会って吟味の生活を送る「最大の楽しみ」が待っている。この死についての見方は『パイドン』における霊魂不滅の説や死の理解、つまり死によって肉体を離れ、純粋思惟の活動に入るという考え方よりも、もっとソクラテスらしい。彼の愛知活動はソクラテスの全存在を賭けて遂行されたのであって、単なる知的な観照の営みではなかった。

【研究3】ソクラテスとソフィストの相違

ソクラテス的愛知活動の本質はソフィストたちが見捨てて顧みなかった人間の魂に向けて、真の愛知を呼び起こすこと、つまり魂の完成という究極目標を実現することであり、『**ソクラテスの弁明**』ではそれを「勧告と吟味」として次のように語られる。

私は、アテナイ人諸君よ、君たちに対して、切実な愛情をいだいている。しかし、君たちに服するよりは、むしろ神に服するだろう。すなわち私の息のつづく限り、私にそれができる限り、決して知を愛し求めることを止めないだろう。私は、いつ誰に会っても諸君に勧告し、宣明することを止めないだろう。そしてそのときの私の言葉は、いつもの言葉と変りはしない。世にもすぐれた人よ、君はアテナイという、知力においても、武力においても、最も評判の高い、偉大な国都の人でありながら、ただ金銭を、できるだけ多く自分のものにしたいというようなことにだけ気をつかっていて、恥ずかしくはないのか。評判や地位のことは気にしても、思慮や真実は気にかけず、精神をできるだけすぐれたものにするということにも、気をつかわず、心配もしていないというのは、と言い、諸君のうちの誰かが、これに異議をさしはさみ、自分はそれに心を用いていると主張するならば、その者を私は、すぐには去らしめず、また私も立ち去ることをせず、これに問いかけて、しらべたり、吟味したりするでしょう。そしてその者が、すぐれた精神をもっているように主張しているけれど、実際にはもっていないと、私に思われるなら、いちばん大切なことを、いちばんそまつにし、つまらないことを、不相応に大切にしているといって、その者を非難するだろう（『ソクラテスの弁明』前掲訳書、39頁）。

ソクラテスの愛知活動はこのように、勧告と吟味から成り立っている。その際、①ソクラテスは魂自身とその付属物とを区別した。金銭・評判・地位は現世主義的な人間、とりわけ、ソフィストの欲求するものである。それに対し、ソクラテスは魂そのものを問題にしている。②魂を気づかい、配慮するという愛知活動は「ソクラテス的福音」とも呼ばれる。その内容は魂をできるだけすぐれたものにすることであり、すぐれた卓越的善さが「徳」と呼ばれ、ギリシア的な四元徳（知恵・節度・勇気・正義）のうち、ここでは「思慮と真実」があげられている。ソクラテスは魂の完成に人間の固有の関心を見いだし、ここからしてはじめて社会（ポリス）の改善も希望しうると考えた。③ソクラテス的吟味の精神は人間にとってもっとも大切なものである。人間はつねに自己自身を批判検討し、その存在の一瞬一瞬において自己の存在の条件を点検し吟味しなければならない。この意味で「吟味のない生活というものは人間の生きる生活ではない」（同57頁）と彼は断言した。

このような吟味によって展開するのがソクラテス的問答法であり、問答法の前提とするところは人間が合理的な質問を出されたときには合理的に答えることができる理性的存在である点である。それはプラトンがメノンの奴隷に幾何学の解法をさせているところにも示されている事実である。それゆえに問いと答えによって共通の真なるものを追究することによって真理は認識される。それは人と人との間で執り行われる交互的にして社会的なる行為によって達せられる。ここに「新しいやり方」としての問答法の意義があって、哲学はいま知的な独語から対話に転化したのである。

ソフォクレスとソクラテスはほぼ同時代に生き、ともにこのデルフォイの神託に従っていた。二人ともギリシア啓蒙運動のなかに育ちながらも、人間そのものの問題性に直面しながらそこから眼を転じなかった。ソフォクレスは悲劇に題材をもとめ文芸活動によって、ソクラテスは青年を相手に問答による愛知活動によって、それぞれ人間の自己認識の重要性を説き続けた。悲劇作家は人間のうちにひそむ恐るべき運命がほかならぬ人間の思慮や決意によっていかに転回するか、そして人間が大きな失敗と絶望的失意を通して少しづつ人間的知恵を学ぶかを説いた。一方、愛知家は人間が自らの無知をまず知り、理性活動によって悲劇の描く否定を通過しないで、理性の活動によって正しき道に立つように教育しようと努めた。しかし、彼は切実な愛情をいだいていたアテナイの人々によって逆に死刑に処せられる悲運を自ら招いてしまった。

ソフォクレスとソクラテスの二人が語る「汝自身を知れ」との自己認識は、人間にとってほとんど達せられることがない真に重大な課題なのである。「失敗を通し少し学ぶ」——これが人間の現実である。このよう人間は問題的な存在なのである。

物語7　ヘブライ人の族長物語——アブラハム、ヤコブ、ヨセフ

創世記には信仰の人アブラハムからヨセフに至る族長たちの物語が連続して語られる。神は天使や夢を通して彼らに臨んでいる。そこには同時にイスラエルの族長伝説が展開する。

アブラハムの旅立ち

創世記にはアブラハムの旅立ちについて次のように簡潔に語られて

いる。「主はわたしに言われた。『あなたは生まれ故郷、父の家を離れて、わたしが示す地に行きなさい。わたしはあなたを大いなる国民にし、あなたを祝福し、あなたの名を高める、祝福の源となるように……』。アブラム（アブラハムの前の名前）は、主の言葉に従って旅立った」（創世記一二1―4）。彼は神の呼びかけに応じて住み慣れたバビロンの近くの町ハランを出立した。彼はベドウィンと呼ばれた小家畜飼育者（ゲーリーム）であり（マックス・ヴェーバー『古代ユダヤ教』上巻、内田芳明訳、みすず書房、6頁）、小さな集団を導いていた。その中には妻と甥のロトとその家族がいた。そこから彼は神によって告げられた「シケムの聖所、モレの樫の木まで来た」（同6節）。しかし、そこにはすでに先住民のカナン人が住んでおり、そこに入植するのはきわめて困難であったが、神は「あなたの子孫にこの土地を与える」と約束された。だがアブラムはこの約束がそう簡単には実現しないと考えて、自分の考えでベテルの東の山に移っていき、さらに進んでネゲブにまで移って行った。ところがそこで彼は飢饉に見舞われ、難を避けてエジプトに下り、その地で彼は大失敗を引き起こしてしまった。神の言葉を終わりまで信じ通すことがいかに困難であるかを彼の旅立ちは物語っている。信仰が霊性によって確固とされていないと、神の言葉の優れた可能性が見失われてしまう。

天使来訪の物語

アブラハムは彼を訪ねて来た三人の男たちが神の使いであることに気づき、手厚くもてなす。

主はマムレの樫の木の所でアブラハムに現れた。暑い真昼に、アブラハムは天幕の入り口に座っていた。目を上げて見ると、三人の人が彼に向かって立っていた。アブラハムはすぐに天幕の入り口から走り出て迎え、地にひれ伏して、言った。

「お客様、よろしければ、どうか、僕《しもべ》のもとを通り過ぎないでください……」。

彼らの一人が言った。

「わたしは来年の今ごろ、必ずここにまた来ますが、そのころには、あなたの妻のサラに男の子が生まれているでしょう」と。

……［天幕の入り口で］サラはひそかに笑った。（創世記一八1–12）

天使の来訪によって跡取りの息子イサクの誕生が告知される物語は聖書では繰り返し語られる物語の最初のものである。聖書では天使は神の意志を伝達する伝令として登場する。アブラハムに現われた天使は人間と同じ姿をとって現われるので、信仰によってのみそれと知られる。アブラハムはただちに神の使いに気づき、食事を用意して厚遇し、神のことばを拝受した。それは年老いたアブラハムが神の奇跡的な力によって長子イサクを授けられるという最初の「**受胎告知**」である。この受胎告知は不妊の胎を神が奇跡をもって懐妊させるという人間の可能性を超えたわざであって、そこには特別な神の意志と関与が示される。アブラハムはこの不可能な約束を信仰をもって信じたが、サラはおかしくて笑ったと語られる。

イサク奉献物語　アブラハムの物語の中で彼の信仰がもっとも不可解な試練を蒙るのは、その子イサクを犠牲としてささげなさいという神の命令であった。

神は命じられた。「あなたの息子、あなたの愛する独り子イサクを連れて、モリヤの地に行きなさい。わたしが命じる山の一つに登り、彼を焼き尽くす献げ物としてささげなさい」。次の朝早く、アブラハムはろばに鞍を置き、献げ物に用いる薪を割り、二人の若者と息子イサクを連れ、神の命じられた所に向かって行った。……イサクは父アブラハムに、「わたしのお父さん」と呼びかけた。彼が、「ここにいる。わたしの子よ」と答えると、イサクは言った。「火と薪はここにありますが、焼き尽くす献げ物にする小羊はどこにいるのですか」。

アブラハムは答えた。

「わたしの子よ、焼き尽くす献げ物の小羊はきっと神が備えてくださる」。

二人は一緒に歩いて行った。神が命じられた場所に着くと、アブラハムはそこに祭壇を築き、薪を並べ、息子イサクを縛って祭壇の薪の上に載せた。そしてアブラハムは、手を伸ばして刃物を取り、息子を屠《ほふ》ろうとした。そのとき、天から主の御使いが、「アブラハム、アブラハム」と呼びかけた。彼が、「はい」と答えると、御使いは言った。

「その子に手を下すな。何もしてはならない。あなたが神を畏れる者であることが、今、分かったからだ。あなたは、自分の独り子である息子すら、わたしにささげることを惜しまなかった」。(創世記二二2—12)

これは**イサク奉献の物語**である。ここでも天使が来訪して、危機一髪の窮地に救いの手を差し伸べる。アブラハムは誰からも理解されず、賞讃もされず、ただ沈黙が見られるだけであって、人間的には神のこの命令は不条理としてしか考えられない。彼は神の命令に従ってイサクを殺したが、天使のわざに阻まれて殺していない。これは矛盾した事態である。ところが信仰はこの殺害という否定とそれを実行していないという肯定との二重の運動を同時に併発させる。この物語はわたしたちが人間の力を越える神的可能性によって生きる希望を告げる。

ヤコブの階《きざはし》　ヤコブは兄エサウを二度にわたってだまし、母リベカの忠告に従ってエサウの怒りを避けるため、パダン・アラムの伯父《おじ》ラバンの下に逃走する。その道すがら後に巡礼の町となったベテル（神の家）にさしかかったとき、日が暮れたので、彼は石を枕として一夜を過ごす。この夜の夢には二つの啓示が結びついている。一つは天まで達する階《きざはし》（それは「地に向かって伸びており」12節）であり、もう一つは神ヤハウェの顕現である。

ヤコブは眠りから覚めて言った。
「まことに主がこの場所におられるのに、わたしは知らなかった、……ここはなんと畏れ多い場所だろう。これはまさしく神の家である。そうだ、ここは天の門だ。」（創世記二八16―17）

神の顕現はモーセ以前の族長たちに神の現れという特徴を示し、遊牧民に約束された土地の所有と子孫の増大をもって契約が取り交わされる。この夜のできことはヤコブにとって内心の慰めに優るものであり、特定の場所に結びついた一つの驚くべきできごとであった。また彼がここで感得した畏怖《いふ》の念は、度重なる自己の不真実と欺瞞に対し、神は裁きをもってのぞまず、契約のことばに示されるように、神が偽らざる真実をもって契約の恵みを賜る現実から起こっている。実際、人間は不真実であるが、それにもかかわらず神は真実を貫きたもう。この事実に触れてヤコブは真に神の在すことを知り、「神の家」つまりベテル（ベト＝家、エル＝神）とこの所を名づけた。

ヨセフの夢　夢見るヤコブの性格を受け継いだ息子ヨセフは、兄たちに「夢見るお方」と嘲笑され、エジプトに売られてしまったが、ファラオの夢解きによって大臣にまでなった。このヨセフの物語によって神が夢の中で民を導くとの信仰を生むにいたった。

夢には超自然的存在の顕現が古来とても多く伝えられているように、また天使がヤコブに夢のなかで現われているように、その息子ヨセフにも神の意志は夢を媒介にして伝達される。夢とはいかなる現象であろうか。今日の精神分析によると無意識の中にある何物かが日常の自我の意識を超えて夢に現われてくる。たしかに夢も心理的事実であって、日常的な合理的な思考によっては捉えられない聖なるものの顕現の媒体となる。古代人は夢の託宣を信じ、夢で行動を決定し、吉凶を占った。だがヨセフの夢説きには霊的な洞察力が不可欠であった。このことはファラオの家臣たちの言葉「このように神の霊が宿っている人はほかにあるだろうか」（同四一38）によく表現されている。したがってヨセフ物語も「**霊性物語**」と見なすことができよう。神は直接人間の歩みに介入したり、その姿を現わすことなく、歴史の背後にあってその摂理を通じて行為する。なかでも四〇－四一章の夢では夢の解釈者ヨセフが物語られる。このような解釈を必要とする夢は、普通の夢よりも象徴性が高く、難解であって、霊的な解釈が必要とされる。ヤコブの夢も明らかに象徴的な夢であり、やはり神自身がそれを解釈して見せる。さらに監獄の中での給仕役と料理役の夢と、ファラオの夢もすべて象徴的な夢であり、ヨセフがその解釈の専門家の役割を演じる。

(ヨセフは兄たちに言った、)「あなたがたはわたしに悪をたくらみましたが、神はそれを善に変え、多くの民の命を救うために、今日のようにしてくださったのです。」(創世記五〇20)

ヨセフの言葉は人間的な理解を超えている。それは倫理的な応報という合理性に対立しており、神が悪をも善用してご自身の考えを実現するという思想である。それによって兄たちの悪事をも善用する神の摂理が解き明かされる。これは神に対する信仰なしには理解されない。この信仰は否定的なさ中に肯定的な意味を洞察するものであるから、理性的な理解を超えた霊性の機能によってのみ解明されうる。この意味でヨセフ物語は「**霊性物語**」なのである。

物語8　モーセに顕現した神（出エジプト記三2―3）

旧約聖書の神はこれまでは天使や夢によって自らを顕現したが、この「燃え尽きない柴」の物語ではまず異象が日常的経験とは異質な出来事として起こってから、神が言葉をもって語りかける様式が採られた。このような形式の典型的な例は預言者エリアの経験に示されている。彼は激しい暴風と大地震と大火の後に神の声を聞いた。「見よ、そのとき主が通り過ぎて行かれた。主の御前には非常に激しい風が起こり、山を裂き、岩を砕いた。しかし、風の中に主はおられなかった。風の後に地震が起こった。しかし、地震の中にも主はおられなかった。地震の後に火が起こった。しかし、火の中にも主はおられなかった。火の後に、静かにささやく声が聞こえた」（列王記上一九11―12）。このことは「異象と言葉」の組み合わせを示し、「恐るべき神秘を魅するもの」（ルドルフ・オットー Rudolf Otto, 1869 - 1937）を含意する。

モーセが羊を飼いながら神の山ホレブに来たとき、彼は不思議な現象、つまり異象を経験し、そこには聖なるものの現臨を直観した。

柴《しば》の間に燃え上がっている炎のなかに主の御使いが現われた。彼が見ると、見よ、柴は火に燃えているのに、柴は燃え尽きない。モーセは言った。「道をそれて、この不思議な光景を見届けよう。どうしてあの柴は燃え尽きないのだろう」（出エジプト記三2―3）。

異象はその非日常性や触れてはならない禁忌《きんき》（タブー）を伴って現象する。だが重要な契機は続いて神がその言葉をもってモーセに呼びかけて、「あなたの立っている場所は聖なる土地」であると告げ、「履物《はきもの》を脱ぎなさい」と命じていることである。この現象ではまず天使が登場し、異象が起こり、聖なる神が声を発して人に語りかけ、人が立っている所が「聖なる土地」であるとの認識が起こる。ここには旧約聖書における「聖体顕現」（Hierophanie=hieros「神聖な」＋phainomai「現れる」）が典型的に示される。

モーセはミディアンの地にやって来て、この地域のベドウィンたち（小家畜飼育者）から、彼らが夏の初めに新鮮な牧草のある山地に入るという話を聞いた。そこで彼は舅《しゅうと》の羊をよい牧草地に連れて行こうとして、羊をいつもの草原を越えて連れ出した。そこで彼は思いがけずホレブ山もしくはシナイ山と呼ばれる「神の山」までやって来た。それが昔から「神の山」と呼ばれていたのは、多分、火山性のものであれ、別の種類のものであれ、神秘的な諸現象がその山で認められたからであろう。

ここでモーセは、「柴の茂み」が燃えているのを見る。ところが柴の茂みが燃え、炎が高く上がっているのに、柴が燃え尽きず、炎の中に「ヤハウェの使者」がモーセに姿を見せる。そのような「使者」もしくは「天使」は、聖書のより古い箇所ではいつも固有名詞をもたず、いわば人格的本質をもたずに現われる。こうした神や神々は「瞬間神」(Augenblickgötter)と呼ばれる。そうした自然現象として現れる神的な存在は非人格的なものに過ぎないとしても、神の呼びかけが起こって対話が交わされる場合には、人格的要素が加わってくる。そのような場合、炎は柴の茂みを焼き尽くすことなく、神的な存在も自らを消滅させない。それはすべてを焼き尽くしてしまう火ではなく、燃え上がっても、なくならない。この異象の中でモーセは神の「使者」なる天使と出会うのである。

この物語では神が火の中に宿るものと考えられており、「柴の茂みの真ん中から」モーセに呼びかける「声」として神は顕現する。この声が言葉を伴うことによって異象は「神の啓示」となる。こうして大いなる人格的信仰経験がもはや認識することのできない道に伝播するような、特

別の領域の中にわれわれを追い込むことになる。

ヤハウェは、モーセが歩み寄るのを見ると、柴の茂みの真ん中から彼に呼びかける。この呼びかけによって神は自分が選んだ者にその現臨を知らせている。それにモーセが「ここにいます」(口語訳)と答えると、今度は、その限界を超えないように足から履物を脱ぐように命じられる(ルツ記四7参照「かつてイスラエルでは、買い戻しや権利の譲渡に関する一切のことを決定する際、当事者は自分の**履物を脱ぎ**、相手に渡すことになっていた。これがイスラエルにおける認証の手続きであった。」履物の意味は他人の土地を占有しようとする靴である)。この命令は「聖なるもの」を汚してはならないという「禁忌」(タブー)つまり接近や侵入の禁止令である。そこで接近を禁止した神は、自分が誰であるかをその言葉によって告げる。こうしてこの異国の地で神は「彼の父としての神」、したがってアブラハム・イサク・ヤコブという先祖の神にほかならないことを告知する(出エジプト記三15)。

[研究4] モーセが出会った神は誰か

モーセがシナイ山で「発見する」のは見知らぬ神ではない。それは族長たちの神である。それにもかかわらずこの神は、姻戚の人々がモーセに「この山に住んでいる」と好んで物語った神にほかならない。モーセはミディアン人たちのところへ来たことで、実は族長たちの生活圏の中に来ていたのであり、彼は燃える柴の中で経験した神を族長たちの神として体験した。

この不思議な出来事に出会ってモーセが神にその名前を聞くと、答えもまた不思議なものであり、「我は有《あ》りて在《あ》る者なり」(I am who I am.「私はいる、という者である。」) とであった。その意味は形而上学的な「存在そのもの」といった意味にヨーロッパの古代や中世では理解されたが、本当は「**わたしはいつもあなたと共にいる**」という意味であって、「アブラハムの神、イサクの神、ヤコブの神」つまり先祖たちといつも「共にいたもう神」なのである。ヤハウェは単に激しい暴風と大地震と大火とともに現れる「怖るべき神」ではなく、その言葉に聴従する者に限りなく恵みをほどこす**愛なる神**であった。イスラエルはこの神を自分たちとたえず共にあるものとして経験した。神は告げる、「私はあなたと共にいる。これが、私があなたを遣わすしるしである」(同三12)、また「あなたがたの先祖の神、アブラハムの神、イサクの神、ヤコブの神である主が私をあなたがたに遣わされました」(同三15)とモーセはイスラエルの民に言うように命じられている。つまりヤハウェという神はその民イスラエルと共にあるものとして自己を証言する。それゆえ神は絶えずその民と共にいて一緒に歩み、民を導く。これこそ「**神、我と共にいます**」という「**インマヌエル**」の思想であって、民は族長たちが行なったように何時いかなるときにも神を呼び求めることができる。

(88頁写真:セバスチャン・ブルドン Sébastien Bourdon, 1616 – 1671)

Ⅲ　旧約聖書の歴史物語

第1部　王国時代の物語

旧約聖書はアブラハム、イサク、ヤコブの族長時代から、出エジプトと荒野放浪の時代を経て、カナンに侵入し、その地に残留していたユダヤ民族を統一して、ダビデ・ソロモンの統一王国時代にいたる。この王国時代から神話や伝説の時代から**歴史時代**に入り、そこでの記録や物語は信《しん》憑性《ぴょうせい》が高くなる。事実サムエル記に発する記録は歴史の事実を伝えており、生き生きとした物語が誕生する。その歴史の物語は真に素晴らしく、その叙述にも全く魅せられるが、ここではユダヤ人の歴史家**ヨセフス**（Titus Flavius Josephus, 37 - ca. 100）が旧約聖書にしたがいながら物語った『**ユダヤ古代誌2**』から二題を選び、つづくダビデの「罪と悔い改め」の記事もこれを参照して紹介したい。（フラウィウス・ヨセフス『ユダヤ古代誌2』秦剛平訳、ちくま学芸文庫、100－103、160－164頁）。

物語1　サムエル誕生の物語

ヨセフスが伝える物語は次のようである。

エリ、ハンナに男子の出生を告げる

しかし、エリの息子たちとヘブル人のすべての民を見舞った不幸を語る前に、まず預言者サムエルの物語を述べておきたい（サムエル記一1以下）。

エフライム部族の土地の、ラマタイム・ゾピム（ルッダの北東部ハマイル、現在のレンティス）の町に住む中流のレビ人であったエルカナには、ハンナとベニンナという二人の妻がいた。二人の妻のうち、ベニンナには子どもがあったが、夫の愛情は変わらなかったものの、ハンナには子どもができなかった。

あるときエルカナは二人の妻を連れて、供犠《くぎ》のためにシロの町——すでに述べたように、神の幕屋がそこに置かれていた——にやって来た。そして、供犠が終わって祝宴にうつり、彼が妻や子どもたちに肉を分け与えていたとき、母親をとり囲んで座っている子どもたちを見たハンナは、突然涙を流し、自分の不妊と子のない淋しさを嘆き悲しんだ。彼女のこの悲痛な心は、

夫が慰めてもとうてい癒し得ぬものであった。彼女はついに幕屋の神殿に赴き、どうか子を授け、自分を母親にして下さるようにと神に嘆願した。そのとき彼女は、最初に生まれた子は常人とは全く異なる生活を送らせ、神への奉仕のためにささげることを誓約した。

いつまでも祈り続ける彼女を、幕屋の入口の前に座して見ていた大祭司エリは、彼女が酔っていると思い込み、退出するよう命じた。すると彼女は自分は水しか飲んでいないと答え、神に祈願しているのは子どもがないのを悲しんでいるからだと説明した。大祭司は彼女に元気を出すように励まし、神は子を授けて下さるだろうと告げた。

サムエルの誕生と神への奉仕

こうして彼女は嬉しい希望を胸にして夫の所へ戻り、心も楽しく食事をとった（サムエル記上一18以下）。そして彼女は故郷に帰ると妊娠し、二人の間に男の子が生まれた。彼らはその子をサムエルと呼んだ。「神に願いを求めた者」という意味と考えればよい。彼らは子の誕生を感謝する犠牲をささげ、十分の一税を納めるために再びシロにやって来た。彼女は、子どもについて行なった誓約が心にあるため、その子を神にささげて預言者にしようと大祭司エリに引き渡した。すでにその子は髪を切らずに伸ばし、飲み物は水にかぎられていたのである。こうしてサムエルは聖域内に住み、そこで育てられた（サムエル記上二21参照）。エルカナとハンナにはさらにサムエル以外の男子と三人の娘が生まれた。

サムエルへの神の啓示

サムエルが預言者として活動しはじめたのは満一二歳のときである（サムエル記上三3以下）。ある夜彼が眠っていると、神が彼の名を呼ばれた。彼は大祭司に呼ばれたと思い、エリのもとへ行った。しかし、エリは彼を呼ばなかったと答えた。神が三度呼びかけを繰り返すと、エリもそれを悟って彼に言った。

「いや、サムエルよ。わしは今までどおり何も言わなかった。おまえを呼ばれたのは神だ。さあ、ここにいます、と答えなさい。」

再び神が呼びかけられると、サムエルはそれを聞いて神にこう願った。

「わたしは神のご意志にしたがって、どのような務めでも果すつもりでございます。どうかお言葉をたまわりますように。」

すると神は言われた（サムエル記上三29以下参照）。

「では、そこにいるおまえに教えておく。これから大きな災禍がイスラエル人を見舞う。その災禍はここにいる者たちがこれまで口にしたことも想像したこともないほど苛酷なものである。その日にはエリの息子たちも命を落とし、大祭司職は以後エレアザルの家に移るであろう。エリは、わたしへの奉仕よりも息子たちへの愛情を大切にしたからだ。しかも、彼らのためにならないような仕方によってである。」

エリは、預言者サムエルに誓約を行って、これらのすべてを打ち明けてもらった（サムエル記上三15以下参照）。サムエルが彼を悲しませるのを恐れて、語りたがらなかったからである。彼は今まで以上に息子たちの破滅を確信し、それを待つだけであった。

いっぽう、サムエルの声望はしだいに高まっていった。彼の預言がことごとく適中したからである。

物語2　サムエルと王の物語

サムエルはその後士師《しし》として活躍するが、やがて預言者としてイスラエルの王に塗油して王国を建設するように命じる。この状況をヨセフスは次のように物語っている。

サムエル、ダビデに油を注ぐ

さて、父親から呼び出されて、ダビデが姿を見せた。彼は健康そうな血色と鋭い眼をもち、その容姿もあらゆる点で立派であった（サムエル記上一六12以下参照）。サムエルはひそかに「この者こそ神が喜んで王にされる若者にちがいない」とつぶやいた。

彼は祝宴の席につくと、若者を傍らに座らせ、エッサイとその他の息子たちも座らせた。そして、ダビデの眼の前で聖なる油を取り出して彼に注ぎ、低い声で、神が彼を王に選ばれたことを説明した。

またサムエルは彼に、彼が公正であり神の命令によくしたがえば、王国は彼のために末永く続き、彼の家も栄え、その家名は世にとどろくだろうと訓戒した。そして彼がペリシテ人を征服し、いかなる民族に戦争を仕かけても勝利者になり征服者になり、その生涯は栄光に満ちた評判で飾られ、それを子孫たちに残すだろう、と告げた。

ダビデ、サウルのもとへ行く

サムエルはこうした勧告を行なった後、帰途についた（サムエル記上一六13以下参照）。そして神もサウルのもとを離れてダビデに移り、神の霊も彼に移ったために、彼はそのときから預言をはじめた。

いっぽう、その後のサウルは得体のしれぬ病気に悩まされ、悪霊がのり移ったため呼吸困難におちいり死にそうになった。医師たちは、悪霊を追い払う能力をもち、しかもキヌュラ（竪琴）に合わせてうたえる者を探し出し、サウルが悪霊で苦しみはじめたら、そのつどその者を王の枕元に立たせ、キヌュラを奏でて聖なる歌をうたわせる以外に、治療の方法はないとした。

サウルはこの忠告にしたがい、そのような男をただちに探し出して来るように命じた。そのとき、その場に居合わせた者が次のように言った。「わたしはベツレヘムの町でエッサイの息子を見たことがあります。彼はまだ少年にすぎませんが、感じのよい立派な容姿をしており、他の点でも感心するところばかりでした。ことにキヌュラの演奏が上手で、歌も巧みなすぐれた兵士でした」と。そこでサウルはエッサイのもとに人をやり、ダビデの美しさと勇気の評判を聞いたのでぜひ会いたいと告げさせ、家畜の世話をしている彼を自分の所に連れて来るように命じた。エッサイは、サウルへの贈り物を持たせて息子を送り出した。

ダビデがやって来ると、サウルは喜び、彼を自分の武具持ちにし、最高の栄誉も与えた。事実、悪霊は彼によって追い払われたのである。すなわちサウルは、悪霊が入り込んで自分を苦しめると、ダビデ以外の者は呼ばず、ダビデに聖なる歌をうたわせ、キヌュラを奏でさせた。するとサウルはいつもの彼に戻るのであった。

サウルは少年の父親のエッサイに使いを出し、ダビデを手放して自分の所に置くようにしてくれ、自分は傍らにいる彼を見るのがとても嬉しいのだ、と告げさせた。エッサイはサウルの希望には反対せず、息子をとめておくことを認めた。

物語3　ダビデの犯罪と悔い改め

この物語に続くのはダビデが巨人ゴリアトを倒す物語である（サムエル記上一七1以下）。しかしあまりに長くなるのでここで終わりにして、ダビデのことを考えてみよう。旧約聖書の中でダビデはアブラハムと並んでもっとも愛されてきた人物であった。ダビデという名前は「愛される者」という意味である。彼は一介の羊飼いから身を起こし、ユダとイスラエルの大王となるまで、その生涯はことごとく神の愛と恵みによって彩られている。彼はイスラエル王国の建設者であって、とくに武勇にすぐれていた。少年にしてあの剛勇ペリシテ人のゴリアトを小さな石投げ一つで打ち倒した。また彼は楽器のよい弾き手であって、悪霊に悩まされたサウル王に対し音楽をもって彼を癒しただけでなく、多くの詩編を創作した。その中でも詩編五一編は**霊性の歌**である。

ダビデの物語にはヨブ記のようにサタンは登場しないが、悪霊の作用がダビデとその周辺の人たちを襲っていた。たとえば「アビメレクは三年間イスラエルを支配下に置いていたが、神はアビメレクとシケムの首長との間に、険悪な空気（＝悪霊）を送り込まれた」のでアビメレクとシケムの町の住民の間に不和を起させた（士師記九22―23）とある。だが「愛される者」ダビデはその生涯にわたって苦難を通して鍛えられ、守られ、訓育されて、信仰の達人となった。

彼はユダ族であるエッサイの8人の子たちの末子であった。その母は、アンモンの王ナハシュに関係ある婦人であったので（サムエル記下一〇2；一七25―27）、異邦人の女から生まれたことになる。「わたしは咎のうちに産み落とされ、母がわたしを身ごもったときも、わたしは罪のうちにあったのです」と彼は叫ぶ（詩編五一7）。彼は兄たちに手荒にこき使われながら羊を飼わされた。彼は決して恵まれた環境で育った人ではなかった。しかし彼には助ける者たちが多くいて、父エッサイのよい教育・祭司サムエルによる訓育・妻ミカルの助け・友人ヨナタンの友情・預言者ナタンの叱責などがあり、暗い旅路を経て回心と新生に導かれ、充実した人生が授けられた。その有様は詩編二三編の初めには次のように記されている。「主はわたしの牧者であって、わたしには乏しいことがない。主はわたしを緑の牧場に伏させ、いこいのみぎわに伴われる」。

　このように愛される人ダビデにも大きな失敗があった。その失敗は彼が成功を収め、名を遂げた後に起った。そこには気の緩みがあって、それがサタンが誘惑するきっかけとなった。彼はウリヤの妻バト・シェバとの姦淫事件を引き起こし、預言者ナタンの叱責を受けるた（サムエル記下一一章と一二章参照）。神はバト・シェバとの結婚を認めず、ダビデに怒りを覚え、預言者ナタンの夢に現われて王を糾弾させた。そこでナタンは神の怒りを伏せておいて、穏やかに譬話を使って王に語った。

　二人の男が同じ町に住んでおりました。一人は裕福で、多数の駄獣や羊、雄牛などをもっていましたが、他は貧しく、一頭の雌の仔羊だけが全財産でした。この貧しい男は自分の子どもたちと一緒に仔羊を育て、食事をともにするのはもちろんのこと、仔羊にわが娘《こ》同様の深い愛情を注いでおりました。あるとき、富める男の所へ一人の客がありました。男は友人をもてなすのに、自分の家畜の一頭を屠るのを物惜しみし、家僕をやってその貧しい男から仔羊を取り上げ、それで客の料理を準備しました。

王はこの譬話にひどく困惑し、ナタンに向かって「こういう馬鹿なことをした男は悪人である。男は仔羊を四倍にして償い、そのうえ、死をもって罰せられるのが適当である」と言った。するとナタンは言葉をついで言った。「王よ、こうした処罰にふさわしいのは、実は、あなたご自身なのです。あなたは、とんでもない恐ろしいことをして、ご自分を罪に定められました」。王はこの言葉を聞いてははなはだしく狼狽《ろうばい》した。そして悲嘆の涙を浮かべながら、自分が罪を犯したことを告白した。神はただちに彼に憐れみをかけて、彼と和解し、今後彼の命と王国を守ることを約束した。神は言われた、「今おまえは自分のしたことを後悔している。だからわたしも機嫌をなおそう」と。ナタンは神の代理人としての務めを終えて家に帰っていった（『ユダヤ古代史2』前掲訳書、272―279頁による）。

このときの心境を「悔い改めの詩」と言われる詩編五一編は「打ち砕かれ悔いた心」として次のように歌っている。「しかし、神の求めるいけにえは打ち砕かれた霊。打ち砕かれ悔いる心を

神よ、あなたは侮られません」。（19節）

［研究1］悔い改めとは何か

このような「悔い改め」こそ神の前で罪を告白する行為であって、キリスト教信仰もそれを信仰生活の中心に据えて説いてきた。とくにルター以来、礼拝において神の恵みのもとに悔い改めを信仰の核心として説いてきた。中世末期のカトリックでは「悔い改め」がサクラメントとして制度化されていたのを批判し、ルターはそれを「心を変えること」（メタノイア）であると解釈した。

聖書はこのダビデの物語にあるように、罪深い人間が悔恨《かいこん》によって再生して新しい人間となることを語る。それを詩編五一編は「清い心」が神によって創造され、「新しく確かな霊」（同12節）が授けられるように祈り求める。この霊はその内に「あなたの聖なる霊」（同13節）を受容し宿している。これは「君主のような自由な霊」とも呼ばれる。そうなるためにはわたしたちは「打ち砕かれ悔いる心」（同19節）をもって神の霊を受容しなければならない。そこには人がその信仰の霊性によって神の恩恵を受容し、その存在を根底から変容させる力が備わっている。したがってわたしたちの心には霊性の受容と自己を変容させる機能が予め与えられているといえよう。だがこの機能は罪深い現実を一人ひとりが認識することなしには発動しない。このような罪の現実は人間の歴史にまとわりついており、原罪とも言われる。わたしたちはともするとこの罪の現実を何か例外的なものと考えがちである。もしそのように考えるなら、わたしたちは現実から遊離した観念の世界をさ迷っていることになる。だが、どんなに知識が増加しても、罪の現実が正しく解決され、克服されていないならば、「知恵が深まれば悩みも深まり、知識が増せば痛みも増す」。(コヘレトの言葉一18)

物語4　イザヤの召命物語

ダビデ王の時代から北イスラエルと南ユダ王国に分裂した前8世紀の時代にイザヤが預言者として登場する。イザヤはその召命で名高く、その召命物語は召命記事とアハズ王との交渉の物語から成立しており、その背景にはアッシリアと対決したシリア・エフライム戦争(前735年頃)という歴史的事件が存在する。当時北イスラエルはアッシリアの侵入に対抗するために、シリアと同盟を結んでいた。すると動揺したユダの王アハズは多くの助言者に助けを求めた。その中に預言者イザヤがいた。イザヤは大国に対する中立政策を献策した。その預言者として証明された物語は次のようである。

ウジヤ王が死んだ年のことである。わたしは、高く天にある御座に主が座しておられるのを見た。衣の裾は神殿いっぱいに広がっていた。上の方にはセラフィムがいて、それぞれ六つの翼を持ち、二つをもって顔を覆い、二つをもって足を覆い、二つをもって飛び交っていた。彼らは互いに呼び交わし、唱えた。

「聖なる、聖なる、聖なる、万軍の主。
主の栄光は地のすべてを覆う」。

この呼び交わす声によって、神殿の入り口の敷居は揺れ動き、神殿は煙に満たされた。わたしは言った。

「災いだ。わたしは滅ぼされる。
わたしは汚れた唇の者。汚れた唇の民の中に住む者。
しかも、わたしの目は
王なる万軍の主を仰ぎ見た」。

するとセラピムのひとりが、わたしところにへ、飛んできた。その手に祭壇から火鋏で取った炭火があった。彼はわたしの口に火を触れさせて、言った。
「見よ、これがあなたの唇に触れたので
あなたの咎は取り去られ、罪は赦された」。（イザヤ書六1－7）

この「**イザヤの召命**」の物語は、正しくは神の裁きの使信を神の民に伝えるという彼自身が受けた委任の報告である。この物語はまず神殿でイザヤが神を見た幻で始まる。直ちに預言者は自分がヤハウェの天上の会議に人間として出席を許された者であることに気づく。聖なるものを前にして恐れを感じたので、祭儀的に清められた後に、彼は会議の決定を告知する者として派遣される。だが彼が聞いた使信はきわめて厳しく、「民の感覚を鈍くし、それを理解して癒されたり、救われたりすることがないように」という命令が伴われていた。

イザヤは天使セラフィムの「聖なるかな」の三唱をもって神を賛美する。彼が神殿で見た神は高きに住まう崇高な存在であるのみならず、「その栄光が全地に満つ」とあるように強力な支配力を所有する。それは世俗からの分離や隔絶のみを表わさず、同時に神殿にみなぎる神の栄光の幻のように、地上に光り輝きいでる特別な支配であった。この神は歴史を支配し、神の王的支配をきずく「イスラエルの聖者」である。その支配は、罪の贖いを与え、かつ神を信頼する信仰を求める。ここに「聖」が俗と分離しながら、俗を生かす神の力の属性として示される。

ところでイスラエル神殿の至聖所には十戒が収められている石の箱が置かれており、「この掟の箱の上の贖いの座の前でわたしはあなたと会う」(出エジプト記三〇6)と言われているように、そこは聖体顕現にとってもっともふさわしい場所であった。この箱の四隅にはセラフィムの像が、ちょうど法隆寺の本堂にある四天王の像のように立っており、預言者の目にはこれらが主を「聖なるもの」として賛美しているように映った。この異象は聖なるものが俗を超越し、しかも力をもって民を支配していることを端的に示し、アッシリアやバビロンによって引き起こされた国家の苦難に際し、歴史を支配する「イスラエルの聖者」の神権政治への信仰を呼び起こすものであった。

その他アモス、ホセア、エレミヤ、エゼキエルなどの預言者の召命における異象について言及できないが、この預言者という存在自身が、聖なるものの言葉を単に預かって民に伝える使者としての使命を超えて高められ、聖なるものの顕現の媒体とみなさるようになった。こうして預言者の姿は、民の不信仰を糾弾するだけでなく、民の苦難と苦悩をその身に受けて、エレミヤとか第二イザヤが語る、自らも苦しむ「苦難の僕《しもべ》」に変貌する。

イザヤ書では神を「イスラエルの聖者」と呼び、「聖性」が人間的な表象「聖者」をもって象徴的に語られる。この言葉はイザヤ書では27回も頻出している。もちろん四〇章以後の第二イザヤの方が15回もこの言葉を使用しており、内容的にもイスラエルを「**審判する者**」から「**贖い救済する者**」に変化させて使用する。それはアッシリアとバビロンによる滅亡と再建という歴史的大事件がその間に起こっていることによる。イザヤはアモスと同様に正義の神によって選ばれた民はその選びにふさわしく正義を実現すべきであるとの倫理に立っていた。そのため「イスラエルの聖なる方を侮り、背を向けた」（イザヤ書一4：一〇27「その日が来れば、あなたの肩から重荷は取り去られ、首に置かれた軛は砕かれる。」）と彼は民を責めている。これは第二イザヤにも継承されたが、罪に陥っている民に対する神の贖罪の業が「苦難の僕」の歌を通して強調されるようになった。

【研究2】イザヤの神観「イスラエルの聖者」の「聖」概念

こうしてイザヤの神観「イスラエルの聖者」という名称には畏怖すべき正義の神と愛すべき恵みの神との対立する二つの要素が同時に見いだされる。ここにオットーが「ヌーメン的なもの」を定式化した「戦慄すべき神秘と魅するもの」（mysterium tremendum et fascinans）としたのと同じ事態が認められる。「聖」の概念は一般的には「神聖なもの」という倫理学的に最高の価値であって、カントは「神聖」という観念の下で「完全に善い」という道徳法則に服している意志を考えている。しかし「聖」はデュルケーム（Émile Durkheim, 1858 - 1917）が説いているように、元来は宗教的起源をもつ語であり、原始社会のタブー（禁忌）の中に起源をもっている。つまり平均的なものから分離していて精神・身体的に隔離されている「触れてはならないもの」が聖なるものである。したがって「聖」は倫理的なものとは、一般にかかわらないで、むしろ非合理的なものと深く関連している（カント『実践理性批判』と『宗教論』参照。デュルケーム『宗教生活の原初形態』参照）。それはオットーが説く「被造者感情」としてあらわれ、「戦慄すべき秘義と魅するもの」という対立する二つの要素から成立する。彼はこのような神にまつわる性質を「ヌミノーゼ」（ヌーメン的なもの）として把握し、それがわたしたちに対し何よりも「不気味なもの」として現われ、恐怖と戦慄とを引き起こし、宗教的畏怖の対象となっていることから、それを「戦慄すべき神秘」と規定した。この神性のデモーニシュな側面に対し、人間を不思議な力で引き寄せ、魅惑し、それとの交わりや一体化を希求させる「魅する神秘」を対置させたのである。

第2部　知恵文書の物語

知恵文書というのは旧約聖書の第3区分を構成する「諸書（ケトゥービーム）」のなかで箴言、コヘレト、雅歌、ヨブ記を指している。その中で物語を構成しているのはヨブ記だけであるが、コヘレトや雅歌においては編集によっては物語として捉えることもできる。ヨブ記がもっとも物語風なのでそれから始めたい。

物語1　ヨブの試練物語

旧約聖書のヨブ記のはじめには天上における神の会議が開かれ、サタンも招かれて同席し、神との会話が物語られる。

主はサタンに言われた。「お前はどこから来た」。「地上を巡回しておりました。ほうぼうを歩き回っていました」とサタンは答えた。主はサタンに言われた。「お前はわたしの僕《しもべ》ヨブに気づいたか。地上に彼ほどの者はいまい。無垢《むく》な正しい人で、神を畏《おそ》れ、悪を避けて生きている」。サタンは答えた。「ヨブが、利益もないのに神を敬うでしょうか。あなたは彼とその一族、全財産を守っておられるではありませんか。……」。（ヨブ記一7—9）

上記の文章はその会話の一部である。神がヨブを守っているから彼は神を敬っている、とサタンは言う。神を敬うのは利益のゆえだというのである。ここではサタンは諸国を遍歴して諸事情を神に報告する天使の一員であったが、義人ヨブを**試みる者**として神に認められる。「ヨブは利益もないのに神を敬うでしょうか」というサタンのこの発言は、バビロンによって滅ぼされた捕囚の民が置かれた状況を反映しており、こんな不幸のさ中に神を信じる根拠がどこにあろうかと当時一般に感じられていた。

そこでヨブは試練を許可した神と論戦し、自分を**弁護する仲保者**を求めるようになる。ここでサタンは人間を責め、人間に対決し害を及ぼす存在であっても、まだ神から全面的には分離していない。サタンはいまなお天上の会議の一員であって、「神」の同意と意志なしには何事もできない。したがってサタンは神から独立した悪の原理ではない。そこで彼は「主」の忠誠な僕であるヨブに対して悪を加えるよう「主」を説得しなくてはならない。「神」はそれに対して不承不承に同意し、留保条件をつけるばかりか、後ではヨブを誘惑したことでサタンを責める。サタンは「神」の影、暗い面、「神」が嫌々ながらも行使せざるをえない破壊的な力の象徴である。こうしてサタンは「神」の破壊力の化身となった。

通常は「サタン」(Satanas)と呼ばれる「悪魔」(Diabolos)は神の意見に反抗して誹謗したり、訴えたりする存在である。バビロン捕囚以前では、ヤハウェは天と地にあるすべてのものを、良いものも悪いものも作った、とみなされた。そこには悪魔は存在しなかった。しかし捕囚期後になると第二イザヤのように「(わたしは)光を作り、闇を創造し、平和をもたらし、災いを創造する者」(イザヤ書四五7)と言うようになった。したがって悪魔の観念は神に「闇」として内蔵されていたものから次第に発展していったといえよう。それがどのような歴史的な経過のなかで発達してきたのであろうか。

だが正しい神が造った善なる世界にどうして邪悪が満ちているのか。アダムの楽園物語で人が罪に陥ったのは、不従順という意志が抱いた悪によってであるが、そのような堕落した意志だけでは不十分であると思われた。そこには神に反逆する悪の大きな力があったに違いなかった。そこで蛇の姿をしてアダムを罪に誘惑する悪しき力が考えられた。その際「ヤーウェから悪意を抱く破壊的な面が差しひかれて、別の霊的能力者である悪魔に付加された。実をいえば神性に、エジプトやカナンの〈神〉に起こったと同じょうな二分化が起こったのである。唯一神がふたつの部分に分かれ、〈神〉の善の面である一方は〈主〉になり、もう一方の悪の面が悪魔になった」（ラッセル『悪魔』野村美紀子訳、教文館、185―186頁）。したがってヘブライ人は一神論にとどまりながら、同時に無意識に二元論へ向かっていった。ヤハウェは全能であり、全面的に善であって、悪はその本性と無縁である。だが悪は存在する。この悪の存在を説明しようとすれは、どうしても二元論へ向かわざるをえなかった。

創世記には、ノアの洪水以前に悪が世にはびこったことを述べた際、人類の歴史のはじめに「神の子ら（ベネハエロヒム）は、人の娘たちが美しいのを見て、おのおの選んだ者を妻にした」（創世記六2）とあって、そこで生まれた子どもは「ネフィリム」と呼ばれたが、それは「巨人の種族」であった。詩編八二1には神の会議の記事があって、そこではネフィリムに対する裁きが行われ、彼らは死すべき者となったと語られる。この記述はウラノスから直接生まれた天上的エロースが徳に向かうのに反し、ゼウスがディオーネーと関係して生まれた世俗的エロースが肉体に向かうというギリシアの愛の神話を背景にして語られているように思われる。

ところでサタンの試練を受けると一般にはだれも神を信じなくなる。だがヨブは一般人の見解に逆らって、理性的には不可解な隠れたる神を告白するように導かれる。それゆえ、この物語の核心は「主を畏れ敬うこと、それが知恵」（ヨブ記二八28）という告白にあって、「主は与え、主は奪う。主の御名はほめたたえられよ」（同一21）という賛美によって最初から宣告されている。「問題になっていることは、神の前ではヨブが無条件に隷属的であるということである。――ヨブは自分自身の信仰を信じるのか。それとも実際の神を信じるのか。――神は人間の行く途《みち》に垣根をめぐらした。ヨブから最後の支えをうばいとり、そういう形で神を経験させることになるがゆえに、神の裁きは神の恩恵なのである」（ワインシュトック『ヒューマニズムの悲劇』樫山欽四郎・小西邦雄訳、創文社、445頁）。したがってこの物語は信仰の基礎を道徳に置くのではなく、まさに逆に道徳の基礎を絶対者の裁きを信じる信仰に置こうとする。神の前では人間の最良の意志ですら疑わしくなり、誠実な知ですら、その無知が暴露されてしまう。ヨブは試みる者であるサタンによってこのような境地に招かれたのである。

この神は暴風を伴ってヨブとその友人に襲いかかった。そしてこの暴風は創世記の冒頭にあった、あの「聖なる霊」なのである。テマン人エリファズは言う。

忍び寄る言葉があり、わたしの耳はそれをかすかに聞いた。
夜の幻が人を惑わし、深い眠りが人を包むころ、恐れとおののきが臨み、わたしの骨はことごとく震えた。

風が顔をかすめてゆき、身の毛がよだった。

何者か、立ち止まったが、その姿を見分けることはできなかった。

ただ、目の前にひとつの形があり、沈黙があり、声が聞こえた。（ヨブ記四12―16）

物語の終わりのところでも、「主は嵐の中からヨブに答えて仰せになった」（同三八1：四〇6）と言われる。そこに神は自らヨブに呼びかけ、宇宙の神秘を見せて独自な神義論を提示する。たとえば「ヨブ記」三八章は、友人たちの理性的な神義論とは全く別種の立論から成り立っている。それは神義論の放棄や不可能性を伝えているのではなく、逆に全く異質な確固たる神義論である。わたしたちはこれを霊的神義論と呼ぶことができる。これによってヨブ自身も自分の非を認めて、心底から悔い改めるに至った。そこには霊的な深い満足が訪れたので、もはや物語の終末の原状回復は全く無用となった。

物語2　コヘレトの物語――知恵の探求とその挫折

ヨーロッパ中世の末期に「現世の蔑視」を主題とするいくつかの著作が現われたが、そのときコヘレトの言葉「なんという空しさ」や「空の空」という言葉が繰り返し引用された。


「なんという空しさ」

「すべての労苦も何になろう」

「天の下に起こることをすべて知ろうと熱心に探求し、知恵を尽くして調べた」

「知恵が深まれば悩みも深まり、知識が増せば痛みもます」。(コヘレトの言葉一2―20)

「空しさ」は30数回も繰り返され、「すべての労苦も何になろう」(一3)にある「労苦」も30回にわたって頻出する。「空しさ」(hebhel)は泡・泡沫・湯気を意味するが、旧約聖書の冒頭にある人を生かす「霊」(ルーアッハ=風・息)とは正反対を意味する。実際、どんなに仕事へと自己を投入しても、人は虚無感に襲われる。仕事は心に満足を与えないからである。この作品はその文体から見てヘレニズム時代の紀元前250年頃の作と推定される。そこにはギリシア人の知恵の影響が見られるが、『箴言』にあるような知恵に対する信頼は薄らいでゆき、人間の理解の限界が強く自覚され、知恵の探求に対する挫折が感得されるようになった。

コヘレトは作品の終わりのところで知恵の教師であるのみならず、格言の収集家であるとも告白する（一二9―10）。彼は第一章から第六章にかけて知恵・快楽・金銭の追求などのすべての努力が空しいと語る。しかし彼は空しい欲望の追求にも神によって定められた、それぞれにふさわしい定められた時があることを説き、それに応じて実行するように教える。ここにギリシア人とは異なった時間認識が認められる。だが、後半の第七章からは名声と香油、生と死、そして知恵と愚かさとを比較して考察するという仕方で人知を尽くして真に充足を与える価値や真理を捉え直そうと試みる。そこには当時に流布していた格言が自作の格言も加えて蒐集された。

コヘレトは自分の生涯を顧みながら内面的な本音を吐露する。まず彼は「見よ、かつてエルサレムに君臨した者のだれにもまさって、わたしは知恵を深め、大いなるものとなった」（一16）と言う。そしてこの知恵と知識を深く究めてみたが、それは狂気であり、愚かであって、風を追うように空しいと悟った。彼は次のように結論をくだす。「知恵が深まれば悩みも深まり、知識が増せば痛みも増す」（一18）。

ここに「悩み」と訳された言葉は他の聖書では「憂い」と、「痛み」は「苦しみ」とも訳される。悩みも痛みも身体的な表現で現代人にはわかりやすいが、知恵や知識という精神的な営みには「憂い」「苦しみ」のほうがふさわしいように思われる。「憂い」と言えば「憂愁」の感情であって、青春時代にはこの感情に襲われることがしばしば起こる。

コヘレトも「快楽を追ってみよう、愉悦に浸ってみよう」（二1）と言ってそれを追求しても、すべては空しかったと述べ、酒と笑い、さらに愚考と大規模な事業、金銭と宝を例として挙げてその空しさを説き明かす（二3―10）。だが彼は一つの新しい認識に到達する。それは「何事にも時があり、天の下の出来事にはすべて定められた時がある。それは生まれる時、死ぬ時、植える時、植えたものを抜く時」（三1―8）とある、「定められた時」や「ふさわしい時」（八6）を意味する。それは四季の循環のような自然の時間ではなく、人生にとって意味ある適切な正しい時であって、イエス・キリストの到来に使われたような「時の充実」、つまり「満ちた時」（カイロス）を意味する。

「青春の日々にこそ、お前の創造主に心を留めよ」（一二1）という有名な言葉もこのカイロスを含めているし、「あなたのパンを水に浮かべて流すがよい。月日がたってから、それを見いだすだろう」（一一1）も絶望的な苦難のときに慰めとなる言葉である。

このカイロスのときには永遠者の意志が示されることが起こる。なぜなら「神はすべてを時宜にかなうように造り、また、永遠を思う心を人に与えられる」（三11）からである。それはわたしたちが時宜に適うように行動しながら、そのように創造された永遠者を考えるためである。もしも時の経過の中にも配慮したもう神が永遠者として存在しないとしたら、わたしたちは時の流れに巻き込まれ、押し流されてしまうであろう。反対にそのような時宜に適う仕方で導く永遠者に向かって視線をいつも向けていれば、わたしたちはこの空しい人生のさなかに生きる意味を見いだすことができよう。時を支配する神に導かれるなら、わたしたちは空しさが満ちた現世になかでも、時とともに移ろわない何かを幸福として感じ取るに違いない。それには知恵が必要であって、それによって生きるとき幸福が感得される。

だが当時のユダヤ人には永遠の意識は弱く、永遠といってもいつまでも続く時としてか考えられなかった。そこにはユダヤ的現世主義が支配していた。それゆえ彼は結論として次のように言う。「人間にとって最も幸福なのは、自分の業によって楽しみを得ることだとわたしは悟った。それが人間にふさわしい分である」(三21)と。そうはいってもコヘレトが回収した格言集には「事の終わりは始めに優る」(七8)という中心思想が認められる。人はその終わりを見るまでは何事も完全に評価できないが、人生の価値と評価とは死を考慮に入れて測らねばならない。終わりと死を考慮に入れて初めて真の知恵が体得される。それこそ「神を畏れることが知恵の根源である」という真理認識である。

物語3　雅歌の花嫁物語

旧約聖書の『雅歌』には人格的な愛の秘儀が次のように告白されている。「恋しいあの人はわたしのもの、わたしはあの人のもの」(雅歌二16)。この言葉は実は繰り返し出てくる(同二16；六3)ほど重要な意味をもっている。では、そこにはどんな意味が含意されているのであろうか。

雅歌は「どうかあの方が、その口のくちづけをもって、わたしにくちづけしてくださるように」(一2)という乙女の情熱的な愛の言葉で始まっているように、恋愛の歌であって、実は世俗的な祝婚歌である。それは詩編四五編の王の祝婚歌と同じ類型に属する。しかし伝統的にはアレゴリカルな解釈がなされ、旧約聖書では神とイスラエルとの親しい関係を歌ったものと考えられ、中世のキリスト教会では雅歌が御言葉と魂の間に交わされる愛の賛歌として解釈された。それは結婚式にみられる心の歓喜を表し、花婿と花嫁とがこれを歌いかつ聞くがゆえに、「たしかにそれは、魂と魂との貞潔で喜ばしい抱擁、彼らの意志の一致、相互に一致した心同志の愛を表現している結婚式の歌である」と説かれた(Bernardus, Sancti Bemardi Semones super cantica Canticorum,1, 6, 11)。この花婿キリストと花嫁である魂との「結合」(coniunctio)によって成立する神秘的な生は結婚の神秘主義として一つの大きな思想潮流となった。

ところが『雅歌』を読んでみるとすぐに気づくことがある。それは神とその信仰について何事も述べられていないことであって、世俗的な恋愛の歌が集められている。しかも対話的に歌っている男女の愛は決して「純粋な」性愛ではない。むしろその愛は性的欲求に満ちており、一緒にベッドに入ることだけにあこがれている。彼らは、「わたしは恋に病んでいます」（二5：五8）と互いに告白する。彼は、夜になると恋人の寝室の窓際へ忍んで行き（五2−6）、彼女に熱を上げて、「秘められたところは丸い杯、かぐわしい酒に満ちている」（七3）と歌う。彼女のほうも大理石の柱のような彼の脚にうっとりとして（五15）、彼にむかって二度もこう呼びかけている。「夕べの風が騒ぎ、影が闇にまぎれる前に、恋しい人よ、どうか、かもしかのように、若い雄鹿のように、深い山へ帰ってきてください」（二17：八14）。こともあろうにこれが雅歌の結びの言葉である。

実際、「性愛」は本来美しいものであるが、そこには同時に「性欲」が結び付いており、これが情念の力によって性愛の美を破壊するのではなかろうか。それゆえ性愛が性欲を正しく秩序づけているならば、性愛の美しさが輝くであろう。『雅歌』はこのような美しい人間関係を教えているように思われる。

そこで二人の恋人の関係を考えてみよう。彼らはお互いに相手を圧迫していない。彼らは互いに相手に恋こがれていても、性欲の対象とはしない。「わたしは黒いけれども愛らしい」（1・5）とあるように、皮膚の色も問題ではない。愛の呼びかけはすべて、恋人の自由な感情に対する訴えかけであり、相手も同じ愛をもって応答することを望んでいる。だから誘惑も強制も感じられない。そこには相手の自由と対等性に立つ「相互受容」が実現している。この重要な関係が「恋しいあの人はわたしのもの、わたしはあのひとのもの」として繰り返し表明される。

〔研究1〕ベルナールとルターの雅歌解釈

ベルナール（Bernard de Clairvaux, 1090 - 1153）はこの雅歌から「花嫁―神秘主義」（Braut-mystik）を説くようになった。彼は『雅歌』に見られる男女の関係から独特な思想を展開させており、キリストと教会との関係を「花婿と花嫁」という親密な間柄として理解した。しかし宗教改革者ルターはこの関係を授受の関係から捉え直した。『**キリスト者の自由**』の中で花婿キリストと花嫁の魂との関係を「この富める、敬虔な花婿キリストが、この貧しい不敬虔な娼婦をそのいっさいの悪から贖いかえし、ご自分の善をもってこれを飾り、妻として引き受けるとき、もう彼女の罪も彼女を滅ぼしえない」（Luther, WA 7, 54, 39ff. ; 55,25ff.）と言う。

ルターは花嫁神秘主義の伝統に立ってキリストと魂との合一を説く点で中世との連続性をここに示しているが、その内容は浄罪の道による教会改革によっては人間の危機は解消しえないことを「貧しい不敬虔な娼婦」の姿により提示した。また彼はキリストの義と魂の罪との「歓ばしい交換」という人格的な信仰関係のなかに救いを捉えた。ルターはベルナールが花嫁を清く美しい姿において捉えたのに反して、花嫁を貧しく、みすぼらしい、見る影もない賤婦に求めた。自分の空しさを知った者にして初めてキリストを求めて信じるからである。

ここで注目すべきことは神と人との関係が「神が授け、人が受け取る」授受の関係となっているばかりか、「逆対応」となっている点である。この関係が「対応」している場合には清い者同士の類似した者の結合関係が成立するのが、「逆対応」というのは一般的で合理的な「対応」関係に対して転倒した逆説的な関係をいう。したがって「清い花嫁」と「義なる花婿」の関係が合理的な「対応」であるのに、ルターが説いている「卑しい花嫁」と「義なる花婿」との関係はその「逆」となっている。こうした対応関係における交換は合理的な等価交換ではなく、不合理的な「取引」であって、ルターはこれを「喜ばしい交換」と呼んで、彼の義認思想の根底に据えた。このような解釈は罪人を憐れむ神の愛から起こっており、「超過の論理」を形成している。

Ⅳ　新約聖書の物語

聖書の時代史的特色　旧約聖書が事例集としてきわめて多方面な物語を所蔵しているが、このことは新約聖書にも当てはまる。ここでもイエスとその弟子たちについての多くの物語が語られており、イエス自身も多くの事例を例話として語った。そこで新約聖書の物語をイエス自身を理解するのに役立つ例話として選んでみたい。①荒野の誘惑（マタイ四章）②悪霊に憑かれた男（マルコ五章）③イエスとサマリアの女（ヨハネ四章）④放蕩息子の物語（ルカ一〇章）⑤パウロの回心（使徒言行録九1―15）である。

物語1　荒野の誘惑

この「荒野の誘惑」の物語は三つの誘惑からなっている。マタイ福音書四章にはイエスが洗礼者ヨハネから洗礼を受けた直後、サタンから荒れ野に導かれ、3つの試練を受けたことが次のように語られている。

さて、イエスは悪魔から誘惑を受けるため、〝霊〟に導かれて荒れ野に行かれた。そして四十日間、昼も夜も断食した後、空腹を覚えられた。すると、誘惑する者が来て、イエスに言った。

「神の子なら、これらの石がパンになるように命じたらどうだ。」

イエスはお答えになった。

「『人はパンだけで生きるものではない。神の口から出る一つ一つの言葉で生きる』と書いてある。」

次に、悪魔はイエスを聖なる都に連れて行き、神殿の屋根の端に立たせて、言った。

「神の子なら、飛び降りたらどうだ。『神があなたのために天使たちに命じると、あなたの足が石に打ち当たることのないように、天使たちは手であなたを支える』と書いてある。」

イエスは、

「『あなたの神である主を試してはならない』とも書いてある」と言われた。

更に、悪魔はイエスを非常に高い山に連れて行き、世のすべての国々とその繁栄ぶりを見せて、

「もし、ひれ伏してわたしを拝むなら、これをみんな与えよう」と言った。

すると、イエスは言われた。

「退け、サタン。『あなたの神である主を拝み、ただ主に仕えよ』と書いてある。」

そこで、悪魔は離れ去った。すると、天使たちが来てイエスに仕えた。（マタイ四1―11）

最初に神の霊がイエスを悪魔の誘惑に導いたことが強調される。それゆえ物語は「霊に導かれて」でもってはじまり、「悪魔が離れ去り、天使たちが来てイエスに仕えた」と締めくくられる。だからこの物語は神に対する徹底した信仰によって悪霊に勝利するキリストの霊が説き明かされたことが知られる。誘惑の内容は神の子であることが奇跡を行う能力で知られるとの誤解から構成される。三つの奇跡はパンの奇跡、天使の救助、世界支配の実現という目に見える外面的な出来事であるが、これに対して神を絶対的に信じる信仰が説き明かされる。

第一の誘惑は「パン」の奇跡であって、身体と関わっている。神との霊的な関係が失われると、身体的な誘惑であるパンを求めることに狂奔することが起こる。パンだけではない、どんなに感能的生活を享楽しようとも、欲望は悪無限であるから、決して満足することがない。実際、満腹した者には心の充実はなく、直ぐに不満が起こってくる。また官能の泥沼を跋渉《ばっしょう》する生き方は原始的な力に満ちているように見えるが、霊的な不満を孕んでいる。だからイエスは言う「人はパンだけでは生きるものではない。神の口から出る一つ一つの言葉で生きる」(四4)と。

第二の誘惑である奇跡はどうであろうか。イエスを誘惑した悪魔は聖書の言葉を使って彼を神との信仰の関係から引き離そうと誘惑する。だが神を試すことは猜疑心にとらわれた不信仰の極みであって、厳しく退けられねばならない。奇跡によって輝かしい姿をあこがれ求めても、それは幻影に過ぎず、好奇心を満足させることがあっても、風船を膨らますようなもので、一定の限度を超えると破裂して転落する。

第三の誘惑は悪魔を礼拝することによって現世的な繁栄を獲得しようとする誘惑である。「サタンよ、退け」と言ってこれを決然と退けたイエスは、その説話でも「神と富とに兼ね仕えることはできない」と人々に勧告してやまなかった。

サタンにひれ伏して現世的なメシアになる第三の誘惑がもっとも中心なものである。それに対して申命記六章4節「聞け、イスラエルよ。われらの神、主は唯一の神である。あなたは心を尽くし、魂を尽くし、力を尽くして、あなたの神、主を愛しなさい」でもってイエスは答えた。この言葉は敬虔なユダヤ人が日ごとに朗唱するイスラエルの基本告白である。イエスは自分がイスラエルの民族が待望するような現世的な王ではないことを、この基本的な告白をもってはっきりとさせた。当時ゼーロタイ（熱心党）と呼ばれる一派はマカベア戦争（前166年〜前142年）のときと同じくローマに対する武力闘争を画策し、エルサレムの神殿を全世界の中心とするイスラエルの世界支配を許す神の奇跡に信頼を寄せていた。それに対してサタン対イエスの対決がこのように物語られた。

【研究1】 試練は誘惑ではない

このような誘惑は単なる誘惑ではなく、破滅に導く**試練の物語**である。誘惑は人間の欲望を刺激し、悪へと唆すことであって、一方的に襲いかかってくる試練とは相違する。ラテン語やドイツ語ではこの二つが区別される（temptatio と tentatio, Versuchung と Anfechtung）。前者の特徴は欲望を刺激する内発的な性格をもち、後者は外側から内心を脅かし、恐怖と戦慄、絶望と死をもって攻撃して破滅させる外発性に求められる。このような外発的攻撃は善人であったヨブの試練にも見られる特徴である。それは誠心誠意をもって真実の歩みをしている者に突如として襲う試練であって、人間的生の可能性を一方的に絶滅させるため、これを克服する力を人は自己の外に、しかも神に対する絶対的な信仰に求めざるを得ない。イエスの荒野の試練もこの種のものであった。

ところで人間は「身体・魂・霊から成っている」（Ⅰテサロニケ五23参照）。サタンによる第一の誘惑は石を変えてパンとなせというもので、それは身体と関わる感性的な試練である。第二の誘惑は宮の頂きから身を投じ、民衆を魅了する奇跡を行なえというもので、魂に関わる心的陶酔への試練である。第三の誘惑は悪魔にひれ伏して礼拝するなら、全世界の支配権を与えるというもので、それは悪魔による霊的な試練である。この霊的試練は、霊的な神与の賜物（カリスマ）を授けられた人に襲ってくる。イエスはこれら三つの誘惑を決然として退けた。ただ霊的に神を礼拝することによってのみ霊は平安と安息に導かれる（マタイ四1―11節参照）。

物語2　悪霊に憑かれた男

次に悪霊に憑かれた男の物語を取り上げてみたい。マルコ福音書五章には次のように物語られている。

一行は、湖の向こう岸にあるゲラサ人の地方に着いた。イエスが舟から上がられるとすぐに、汚れた霊に取りつかれた人が墓場からやって来た。この人は墓場を住まいとしており、もはやだれも、鎖を用いてさえつなぎとめておくことはできなかった。これまでにも度々足枷や鎖で縛られたが、鎖は引きちぎり足枷は砕いてしまい、だれも彼を縛っておくことはできなかったのである。彼は昼も夜も墓場や山で叫んだり、石で自分を打ちたたいたりしていた。イエスを遠くから見ると、走り寄ってひれ伏し、大声で叫んだ。

「いと高き神の子イエス、かまわないでくれ。後生だから、苦しめないでほしい。」イエスが、「汚れた霊、この人から出て行け」と言われたからである。そこで、イエスが、「名は何というのか」とお尋ねになると、「名はレギオン。大勢だから」と言った。そして、自分たちをこの地方から追い出さないようにと、イエスにしきりに願った。（マルコ五1―10）

まず悪霊につかれた人とイエスとの出会いを考えてみたい。そこには奇跡物語が展開するが、わたしたちは自分の理性によっては制御できないある力によって導かれている。仕事に熱心な人には勤勉の霊が、政治的野心に燃えている人には権力志向の霊が、お金を蓄えている人にはマモン（財神）の霊が、女性を求める人にはドン・ファンの霊が乗りうつっている。

ここでは二人の出会いについてだけ注目したい。霊につかれた人はイエスに対して「いと高き神の子のイエス、かまわないでくれ。後生だから、苦しめないでほしい」と言う。悪しき霊の特色は「放っておいてください」と言っているように、他者との関係を断ち切って、自分自身の内に閉鎖的にとじこもり、高慢になって自己を絶対視し、狂気のごとく振舞っているところにある。聖書はその様子を墓場を住居とし、鎖を引きちぎって、昼夜たえまなく叫びまわっていたと語る。イエスは他者のため、隣人のために一身を献げた人である。この点でイエスはサタンと決定的に対立する。イエスと共にある生き方は他者に対し心を開いて交わりを生きぬく姿勢である。イエスとの交わりの中にいることによって今までの生き方に終止符がうたれ、全く他なる生活への転換が生じる。レギオンと言われた人にもこの出来事が生じた。イエスに対する正しい態度はこのレギオンと呼ばれていた人のように「イエスと共にあること」(同18節「一緒に行きたい」)なのである。この出来事はイエスによる交わりへの意志と交わりを拒否していた者が交わりの中に生き返ったことであり、それは神の国が形をとってイエスと彼の間に実現したことである。

人間の心には悪霊が住みつくことができるし、イエスがそれを追放して神の国に導き入れられることもできる。悪霊との関係で明瞭となるのは、人間の心には「ものの虜となる」という特質、**受動的な心の機能**があって、これが**霊性の特質**となっている。心はその霊性によって悪霊の虜(奴隷)となることも、神の霊によって新生し、神の子どもともなることもできる。

物語3　イエスとサマリアの女

イエスがサマリアを通過して郷里のガリラヤへと旅をしたとき、シカルという村の近くにあった歴史上有名な「ヤコブの井戸」で彼は休息された。そこに一人のサマリアの女が人目を避けるようにこっそりとやって来た。弟子たちが食糧の調達に出かけたあとに、井戸端に座したイエスは渇きを覚え、水瓶を携えてきた女に当時のしきたりに逆らって「水を飲ませてください」と語りかけた。この対話は身体の渇きを癒す井戸の中を「流れる水」からはじまり、人々生かす「生ける水」を経て「永遠の命に至る水」へ飛躍的に進展する。実際、ヤコブの井戸の水はしばらく渇きをいやすに過ぎないが、イエスが施す水は、どの人の中でも一つの泉となって、もはや渇きを覚えさせない。それは「命を与えるのは〝霊〟である。肉は何の役にも立たない。」（ヨハネ六63）とあるような「人を生かす霊」、つまり「霊水」である。この泉からは活ける霊水が湧き出て来て、そこに神の救いと永遠の命が「人を生かす真理」として啓示される。それでも女はどうしてもこれを理解することができない。「生きた水」とは何か不思議なものであるとぼんやり感じているに過ぎない。それがあればもう水汲みという女の労働から解放される、奇跡の水ぐらいに考える。彼女には奇跡とは日常生活を楽にしてくれる御利益をもたらすものに過ぎない。

ところでこのサマリヤ人の女は、町にも泉があるのに、町から遠く離れた、しかも「井戸は深い」(同四11)とあるように、汲み出すことが困難であった井戸になぜ現れたのか。彼女は実は不品行のゆえに評判のよくない女であった。イエスはやがて「行ってあなたの夫を連れてきなさい」と命じた。これによって女の夫との関係という「人と人」との親密な間柄から「神と人」との真実な関係に発展し、「真理と霊による礼拝」にまで進展していく。

イエスは彼女が心中深く潜んでいる闇に光の照射を与える。イエスは真剣ではあっても何かしら悩みを懐いた女性の中に何らかの問題を直観的に感じとり、唐突にも「夫を連れてきなさい」と問いかけた。この直観は対話の唯中で閃いたものに他ならない。突発的な飛躍と劇的な展開こそ対話的語りに付き物の特質である。この命令とともに女はその過去の暗い部分を指摘される。つまり彼女が五人の夫を以前もっていたが、今のは非合法な夫婦関係にあることを言い当てられた。そこでイエスを先見者として認識し、預言者ならば神を礼拝する場所がゲリジム山の神殿か、それともエルサレムの神殿かという、当時の宗教上の大問題を持ち出す。これに対しイエスは礼拝すべき場所は地理に特定される山でも町でもなくて、「心の内なる霊の深み」に真理を求め、礼拝すべきことを告げる。

> まことの礼拝をする者たちが、霊と真理をもって父を礼拝する時が来る。今がその時である。なぜなら、父はこのように礼拝する者を求めておられるからだ。神は霊である。だから、神を礼拝する者は、霊と真理をもって礼拝しなければならない。（四23―24）

イエスの来臨とともにすでに到来している霊と真理による礼拝によってすべての祭儀が皮相的で不真実のものとして廃棄される。「わたしは真理である」（一四6）と言われるイエスと対話する者には自己の認識が呼び起こされる。わたしたちは真理の光の照明を受けて自分が気づいていない隠された暗闇の部分を知るようになる。神の子イエスと対話的に係わるとき、この真理の光を受けて「赤裸々な自己」の認識と告白に導かれる。

人間の霊は、サマリアの女と同様に、ほとんどの場合、偽り・虚栄・貪欲・物欲・情欲・支配欲・金銭欲といったいわば七つの悪鬼（魑魅魍魎《ちみもうりょう》）によって支配され、醜くも汚染されている。それゆえわたしたちは真理であるイエスに導かれ自己認識によって神に対して徹底的に謙虚とならねばならない。

ここで「霊」が「真理」と一緒に用いられているのは人間の霊が真理の照明によって正しい自己認識に達し、謙虚になって霊の新生を求めるためである。それゆえ聖書は「打ち砕かれた霊」

の恩恵を受ける不可欠の前提とみなしている(イザヤ書五七15;詩編五一19;ルカ一47−48参照)。したがって聖書によると霊は人に授けられた力であって、人を生かすのであるが、その際、神の霊は真理をもって人間を照明し、正しい自己認識に導くと同時に偽りの祭儀・虚偽の宗教・神に敵対する諸々の霊力から人間を解放する。というのは生身の人間は自分を超えた諸々の霊力の餌食になっている場合が多いからである。こうして、すべてこの世の内なる、にせ物の、したがって不法の祭儀は、神の子の派遣によって一掃されるのである。

物語4　放蕩息子の物語

ルカ福音書一五章の「放蕩息子」の譬え話はとても有名で、マタイ福音書二一章28節以下の「二人の息子」の物語とよく似ていることから、二人の兄弟の関係を言っているのかと論じられた。しかし、この物語は「譬え話」であって、息子たちのことを言っているのではなく、**父なる神の愛**について語っている。その愛は「この息子は、死んでいたのに生き返り、いなくなっていたのに見つかったから」授けられる。そうするとそこには「死んでいたのに生き返った」と語られる「死と生」の物語と「いなくなっていたのに見つかった」という「喪失と発見」の物語があることになる。この点はこの物語に先行する二つの物語においても確認される。したがって「死と生」と「喪失と発見」はルカに特有な語り口である。

先行する二つの物語では「見失った羊」と「無くした銀貨」の譬え話が語られており、「喪失と発見」という共通する主題が展開する。それゆえ「放蕩息子」の物語も同じ主題について語った話としてルカによって編集された。外面的に見るとそこには「羊」、「銀貨」、「息子」という見失われたものを発見した者の喜びが特記されている。

それでは見失われた存在を発見した父が心から喜んで祝宴を開いた「放蕩息子」の物語には子どもの心について何か述べられているのか。心の霊についてこの物語では明瞭に何も語っていないが、暗示的にはそれが表明されている。あの「放蕩息子」は放蕩三昧に耽って食べ物がなくなったとき、彼は次のように語ったとある。

そこで、彼は我に返って言った。

「父のところでは、あんなに大勢の雇い人に、有り余るほどパンがあるのに、わたしはここで飢え死にしそうだ。ここをたち、父のところに行って言おう。『お父さん、わたしは天に対しても、またお父さんに対しても罪を犯しました。』」（ルカ一五17−18）。

彼は「我に返って」罪の告白をした。それは「我に立ち帰る」ことであり、「悔い改める」ことを意味する。その際、この「我」は「自分自身」の意味である。だが、この「我」や「自分自身」について語られているのは、餓死しそうになって嫌悪すべき豚の食べもので飢えをしのいでいる、惨めな姿だけである。この破産した者の「我」は「自分自身」の意味であるから、この物語は彼の内心を指し、数々の失敗や裏切りによって恥や後悔の念に満たされた心の状態を語る。それも飢餓に迫られて初めて自分の失敗に気づくほどに、彼は精神的にはきわめて幼稚であった。このような未成熟な者でも、その内心の奥底には何かが働いており、これまでの行いを父に対する背反として捉えさせたのではなかろうか。

犯した罪を反省するのは良心の作用であるが、罪を失敗として感じるかぎり、『罪と罰』の主人公ラスコリニコフのように真の悔い改めには至らない。それゆえ放蕩息子の場合には良心が父のことを想起し、その言葉を聞いて父の愛を受容する能力である「霊」が覚醒されなければ何らの展開が起こりようがない。ところがこの息子は「大勢の雇い人と有り余るほどのパン」が父のもとにあると言う。想起したのは「雇い人とパン」であって父の愛ではなかったのだ。ましてや父の言葉を聞いてその愛を受容する心などもっていなかった。それなのに父のほうは息子の帰還を待望し、遠くからその姿を認めて駆け寄ってきたのである。「父親は息子を見つけて、憐れに思い、走り寄って首を抱き、接吻した」（一五20）。この父の愛に接して初めて彼は父の本当の姿を捉え、その愛を理解し、父を子として受け入れたのである。そこに愛を受容する**霊の働き**が起こっている。心にはこのような人格的な受容作用が認められる。

【研究2】人格的な応答愛

人間の内なる心は他者から愛される具体的で現実的な経験を通して初めて、頑なな心から抜けだし、自己に対する他者の関与を認め、それに感謝しながらその愛を受容することができる。実に人格的な愛には、愛されると愛し返すという**応答愛**が起こる。それまでは無関心で、冷酷で、死んでいたような心も、愛されることによって生起が与えられ、生き返る。そうしてみると放蕩息子の物語は神の愛に気づくことで生き返った人に起こる物語であって、そこには**父なる神の大きな愛**が初めから終わりまで働いていたことが知られる。

かつてシェーラー（Max Scheler, 1874 - 1928）は「救済行為の愛は、貧しい者、病める者の中にある積極的なものを実現し展開させるのである。病める者や貧しい者の病や貧困が愛されるのではなく、それらの背後にある隠されたものが、それらの病や貧困から救助されるのである」(「ルサンティマン」『著作集4』、119頁)と語った。ここでの救済行為の愛というのは、人格的な愛を指している。確かに神の愛は価値ある存在に注がれるのではなく、むしろ無価値な者、放蕩に身をやつしている者に注がれるが、それでも彼らの無なる様が神の愛を引きおこすのではなく、彼らの内心とその霊性に愛がそそがれて、悲惨と貧困から彼ら自身を救い出すのである。この意味では父の愛は律法主義の兄に対しても注がれており、偏狭で頑なな冷たい心から救われるように願っている。父の愛は息子らの内心に向けられ、心に愛を喚起して、**応答愛**を引き出そうとする。

したがって神と人との関係では神が授け人が受ける授受の関係が基本となるが、そこには神の愛を受ける人には大きな喜びが伴われている。ルター『マグニフィカト』(マリアの讃歌)で次のように語る。「神がいかに底深いところを顧み、貧しい者、軽蔑された者、悲惨な者、苦しむ者、捨てられた者、そして、まったく無なる者のみを、助けたもうような神にいますことを経験するとき、神は心から好ましくなり、心は喜びにあふれ、神において受けた大いなる歓喜のために欣《きん》喜雀躍《きじゃくやく》(Überschwenglichkeit)するのである。するとそこに聖霊がいましたもうて、一瞬のうちに、この経験において、わたしたちに満ち溢れる知識と歓喜とを教えたもう」(Luther, WA. 7, 25, 26-26, 7.)。

物語5　パウロの回心

使徒パウロはサウロと呼ばれていたとき、主の弟子たちを脅迫し、殺そうと意気込んで、大祭司のところへ行き、ダマスコの諸教会あての手紙を求めた。それは、この道に従う者を見つけ出したら、男女を問わず縛り上げ、エルサレムに連行するためであった。ところが、サウロが旅をしてダマスコに近づいたとき、突然、天からの光が彼の周りを照らした。サウロは地に投げ倒され、「サウル、サウル、なぜ、わたしを迫害するのか」と呼びかける声を聞いた（使徒九1―15）。「主よ、あなたはどなたですか」と言うと、答えがあった。「わたしは、あなたが迫害しているイエスである」と。同じ回心のことを手紙では次のように彼は述べる。

あなたがたは、わたしがかつてユダヤ教徒としてどのようにふるまっていたかを聞いています。わたしは、徹底的に神の教会を迫害し、滅ぼそうとしていました。また、先祖からの伝承を守るのに人一倍熱心で、同胞の間では同じ年ごろの多くの者よりもユダヤ教に徹しようとしていました。しかし、わたしを母の胎内にあるときから選び分け、恵みによって召し出してくださった神が、御心のままに、御子をわたしに示して、その福音を異邦人に告げ知らせるよう

にされたとき、……。（ガラテヤ一13―16）

使徒言行録には主イエスの言葉として「さあ、行きなさい。あの人は、異邦人たち、王たち、またイスラエルの子らにも、わたしの名を伝える器として、わたしが選んだ者である。わたしの名のために彼がどんなに苦しまなければならないかを、彼に知らせよう」（九15）と記される。彼は異邦人伝道へと召命され、多くの苦難が予想され、イエスの苦しみを担っており、パウロ自身もこの点を「今わたしは、あなたがたのための苦難を喜んで受けており、キリストのからだなる教会のため、キリストの苦しみのなお足りないところを、わたしの肉体をもって補っている」（コロサイ一24）と記している。

人間的に言えば異邦人伝道のためにはキリスト教徒の中からギリシア的教養を具えている人が選ばれるべきであろう。ところが、もしこうしたギリシア語に堪能な人が選ばれ、パウロと同じような働きをしたとしても、恐らくキリスト教とは異なったパウロ教なるものが成立していたかも知れない。実際、パウロは人間的資質からいっても優れており、二重、三重に偉大な教養人であった。彼は①名門ガブリエルの門下生として薫陶を受けたエリートのファリサイ派の人、②ギリシア語を自由に話せる国際的教養人、③生れながらにしてローマの市民権をもった富裕な自由人であった。ところが神はこのパウロを用いるにあたって、まず、彼をキリストの敵の地位に置き、自己の在り方を徹底的に否定するところまで導き、その上で彼に純粋な福音の生命を注ぎ、彼は自らの空の器をもって福音を受容し、説き明かせようとされた。

このように神の選びは人間の予想を超えている。なお、イエスはガリラヤ地方の漁夫や取税人といった下層の無教養な人々を弟子として選び、福音の宣教者に任じた。これも不思議なわざと言わねばならない。彼はこのような弟子たちに向かって「あなたがたは世の光である。山の上にある町は隠れることがない」（マタイ五14）と語った。この言葉だけ取ってみると、それはまことにナンセンスであっても、大いなる光であるイエスと共にある弟子たちは、自分の貧しさゆえに、イエスを受容し、彼との交わりのうちに世の光として生きるようになった。

これと同様にパウロもイエスの敵であるという敵対的な対立関係にあって初めて、彼は福音の純粋な宣教者となった。こうした器は福音の光を遮蔽したり曇らせたりすることからまったく自由である。そこにはこれまで営んできた生涯の全面的な否定が含まれており、器としての優れた資質は、大いなる否定によって純化された。彼の回心の記述がこれを如実に物語っている。

［研究3］パウロのキリスト認識

ガラテヤ書の記述によればダマスコ途上で受けた「天からの光」は「御子をわたしの内に啓示してくださった」（一6）ことを指し、それは「イエス・キリストの啓示」（一12）であった。その際、「わたしの内に」というのは何を指しているのか。それは神の啓示を受容する心の作用、つまり霊性であるといえよう。ではその啓示内容は何であるか。

それは「キリストは、わたしたちのために呪《のろ》いとなって、わたしたちを律法の呪いから贖《あがな》い出してくださいました。『木にかけられた者は皆呪われている』と書いてあるからです」（三13）によって明瞭に示される。十字架にかけられたイエスは神に呪われたものである。この認識は迫害以前と以後とでは変化していない。変化しているのは「わたしたちのために」という言葉に示されている事態である。律法に照らしてみるならば、イエスは神に呪われた者であり、そのような者を救い主キリストと信じる者は徹底的に排斥されなければならない。これがキリスト教の迫害者パウロの主張であった。ところが彼はダマスコ途上で、この呪われたイエスが他ならない「わたしのために」呪われたのであるという認識に到達した。これに優る青天の霹靂《へきれき》はないであろう。

このような認識の光が彼の内心を射抜いたのである。

こうしてパウロのキリスト教徒に対する憎しみはキリストの**真実の愛**によって劇的に転換され、克服された。迫害者パウロは呪われたイエスを看過できなかったであろう。彼はどうしてキリストに対する信仰が起こり得るだろうかと心に思いめぐらしながら、ダマスコへの道を辿っていたと想われる。このときほかならない「**呪われたイエス**」が「**わたしのキリスト**」であるという認識の光が突如として天から開示された。ルカはこれを「**天からの光**」としか言い表わしえなかった。事実、天からの光によらなくては誰がこのような認識に到達できようか。パウロの回心はこのようにして起こった。そこには**神の選びの不思議なわざ**が認められる。

V　キリスト教古代の物語

時代の特色

2世紀の中葉からキリスト教とヘレニズム文化との交流が進展していったが、やがて両者の対決が不可避的になった。この交流はすでに原始キリスト教会からはじまり、ギリシア語を語るヘレニストのユダヤ人のなかでキリスト教を信じた者たちがエルサレムを去ってアンテオケに異邦人教会を設立し、使徒パウロがこれを指導した。パウロが旧来のユダヤ主義に依然として立つキリスト教徒をしりぞけて以来、キリスト教とヘレニズム文化の交流は、使徒たちにおいて、そしてのちには、教父たちに見られるように、次第に深まり、教会の主流を形成するようになっていった。教義史家ハルナック（Adolf von Harnack, 1851－1930）は、こうした潮流によって、キリスト教の信仰理解にとり異質で相いれないヘレニズム哲学が採用されたことを批判的にとらえて、それを「福音のギリシア化」として否定的に評価した。だが、他方、ティリッヒ（Paul Johannes Tillich, 1886 - 1965）は「聖書宗教の基礎に立つ存在問題の採用」として、ヘレニズム文化によってキリスト教の信仰理解が深められたと積極的に評価している。このようにヘレニズム文化に対する評価はさまざまあるにせよ、キリスト教がギリシアの古典文化と出会うことによって一つの新しい歴史的な展開をみた事実は明白である。

2世紀の後半にはヘレニズム時代の宗教思想である、グノーシス（霊知）を中心にした、グノーシス主義によるキリスト教理解があらわれ、主要な人物として、**サトゥルニノス**、**カルポクラテス**、**バシレイデス**、**ヴァレンティヌス**および、**マルキオン**などが勢力をもつようになった。**グノーシス主義**は、創造された世界の物質性やイエス・キリストの身体性を否定的にとらえる異端思想として、キリスト教の正統な信仰理解と競い合うことになった。さらに、こうした異端思想を論駁するだけでなく、ローマ帝国によるキリスト教の弾圧と迫害がはげしくなったため、キリスト教の真理を社会的に弁護し、キリスト教がローマの道徳的生活において健全なものであることを弁明する必要も生じた。

こうした役目を引き受けたのが**護教家**（または**弁証家**とも言う）であり、彼らによってキリスト教思想史は新たな段階を迎えた。彼らはキリスト教の基本信条を哲学によって弁明するとともに、グノーシス主義などの異端を論駁し、それらを通じて正統神学が形成されていった。護教家たちとしては、2世紀には、アリスティデス、ユスティノス、タティアノス、アテナゴラス、テオフィロスが、3世紀にはテルトリアヌス、エイレナイオス、クレメンス、オリゲネスが、4世紀にはクリュソストモス、ラクタンティウス、エウセビオス、アタナシオス、アンブロシウスが、そして5世紀にはアウグスティヌスが活躍した。ここでは、まずユスティヌスとオリゲネスの物語を採り上げてみたい。

物語1　ユスティノスの迫害

ユスティノス（Justin Martyr, ca. 100 - 165）はパレスチナに生まれた。ギリシア哲学に真理を求め、プラトンの説くイデアの直観にいたろうとした。しかし、哲学による真理直観のほかに、キリスト教による真理直観の道があるのを知って、キリスト教に入信する。そして、ローマでキリスト教哲学を講じたが、マルクス・アウレリウス帝の治下に迫害を受けて殉教した。彼の回心については『ユダヤ人トリュフォンとの対話』のなかで述べられている。そこでは、ユスティノスが、とある老人（以下、引用箇所における、彼）との対話によって、キリスト教こそ「安全で有益な哲学」であると自ら見出すに至り、キリスト教に回心した次第が以下のように描かれている。

彼はこれらのこと及び他にも多くのこと（それについて今は話す時間がないが）を語ったのち、わたしがそれらを追求するよう強く勧めてから立ち去った。それから彼を見かけたことはありません。しかしわたしの魂の中にはただちに火が点ぜられ、預言者たちとキリストの友人であるあの人々への愛がわたしを把えた。彼の話をわたしは自分で斟酌してみて、これこそ唯一の確実で有益な哲学であることを見出した。わたしはこのようにして、またこれゆえに哲学者となったのである。それでわたしは、すべての人が、わたしと同じ気持ちになって、救い主の言葉を避けることがないようにと望んでいる。その言葉は実に、怖るべき力をその中に持っているので、正しい道からはずれたものの中に恐怖を起させるが、一方その言葉を十分に学び取るものにとっては、この上なく喜ばしい安らぎが生ずるのである。ところでもしあなたが、自分自身のことに少しでも配慮しているのなら、そして救いを追求しているのなら、また神に信頼をおくのなら、あなたはこの事柄に不案内ではないのだから、神のキリストを認め全き人となって幸福となることは可能なのです。（『ユスティノス』三小田敏夫訳、教文館、213頁）

ギリシア哲学に真理への道を求めて、キリスト教にたどり着いたユスティノスは、ギリシア的な世界観によってキリスト教を弁証しようとした。実際、彼は一生のあいだ「哲学者の衣」をぬぎ捨てなかったとされる。そして、ヘレニズム文化圏の人々にとっては理解が困難であったヘブライ文化に由来する「メシア」概念ではなく、**「ロゴス」概念**を強調し、それによってイエスがメシア（救い主）であることを説明した。ユスティノスは、聖書にもとづいて、キリストが、神の完全なロゴスであり、かつ、人間となったと説く。そして、そのロゴスについての教えは、ギリシア哲学で教えられてきたものと矛盾しないと説く。つまり、ソクラテスもプラトンも、不完全ながらも、この同じロゴスに従って生き、真理を語ったのであり、ギリシア哲学はキリストにいたる準備段階として評価される。さらに、ユスティノスは、ストア派の「**種子的ロゴス**」（**ロゴス・スペルマティコス**）**説**にもとづいて、すべての人間にはロゴスが種子として宿っているとし、それぞれの種子的ロゴスを完成させるためには、ギリシア哲学だけでは不十分であり、キリスト教が必要であるから、キリスト教を迫害することは不当であると論じた。

とはいえ、ヘレニズム文化における、哲学的概念としてのロゴスは、知性的世界の原理であり、そこでは、知性的世界と感性的世界の分離が前提とされており、ヨハネ福音書が説くような、ロゴスが受肉（肉をとってこの世界に生まれる）するということは考えられえないものであった。他方、ヨハネ福音書で用いられた「言《ことば》」(ロゴス)にしても、元来は、神の力を意味しており、哲学的概念ではなかったのである。しかし、ユスティノスをはじめ、護教家たちがギリシア哲学にかんする高度な教養をたずさえながらキリスト教に回心することによって、知性的世界の原理としての哲学的な「ロゴス」と、聖書的な「ロゴス」の理解が深まり、そうした「ロゴス」の受肉としてイエス・キリストが理解されるようになったのである。

また、ユスティノスはキリスト者たちの信仰生活が健全で有意義なものであることについて、皇帝ピウスに呼びかけた『弁明』で次のように論じている。

わたしたちがキリスト教徒になる前には放蕩《ほうとう》にふけって喜んでおりましたが、今では清い生活を喜んでいます。わたしたちは魔法と妖術にふけっていましたが、今では善にして永遠の神に身を捧げています。わたしたちは他の何よりもお金と所有に価値をおいていましたが、今ではわたしたちが所有しているすべてを寄せ集め、それを必要な人たちに分けています。以前にはわたしたちは互いに憎み合い殺し合っていましたし、国民性とか習慣の相違のゆえに、見知らぬ人がわたしたちの門に入れるのを拒んでいました。だが今はキリストの到来以来わたしたちはみんな平和に暮らしています。わたしたちは敵のために祈り、キリストの高貴な教えに従って生きることによって、不当にもわたしたちを憎む人たちに打ち勝とうと求めています。それは彼らがすべての主である神から報酬を得るという同じ喜ばしい希望を共にするためです。

（ユスティノス『第一弁明』14の要約、柴田有『ユスティノス』勁草書房、２００６年、28―29頁参照）

この短い要約では、信仰を通じてユスティノスにもたらされた道徳的で知的な変化が説き明かされている。そこで説かれているのは、以前に生きていた世界からの釈放・解放である。キリスト教に回心した者は世俗社会の配慮や災いをもたらす活動から放免される。キリスト教に回心したユスティノスは、福音が約束する「いっそう豊かな生活」を生きるようになった。それは、ギリシア語で「カリスマタ」と呼ばれる、神の恩恵に満ちた生活である。そこでは、愛によって支配された世界がすでに実現されているため、迫害による恐怖や不信はなく、喜びに満ちた愛と平和が満ちている。初代教会のキリスト者たちの愛の世界には、上の引用箇所に示される通り、世俗社会に見られる区別や対立がなく、ユダヤ人もギリシア人もなく、奴隷も自由人もなく、互いに奉仕しあう、新しい共同体が実現しており、しかも、そうした福音の恩恵をすべての人と分ち合いたいという強力な情熱にあふれている。したがって、キリスト教徒が献身している価値は、真に究極のものであって、これらの価値は純粋で正しい生活をもたらすがゆえに、健全であり、かつ有意義であることには、反論の余地がないことも明らかになる。

物語2　オリゲネス物語

次に、**オリゲネス**（Origenes Adamantius, 184/5 - 253/4）について見ておきたい。オリゲネスはギリシア教父であり、アレクサンドリアに生まれ、父レオニデスから聖書の手ほどきを受けた。その父は、オリゲネスが17歳の時に、セプティミウス・セウェルス帝による迫害で殉教し、家の財産も没収される。オリゲネスはどうにか学問を続け、哲学を学ぶためにアンモニオス・サッカスに師事した。20歳のころ自らディダスカレイオン（塾）を開設し、文法学やキリスト教の教えを伝えた。当時はキリスト教徒であるという理由だけで迫害が行われ、生徒からも多く殉教者を出すことになった。その迫害が終わると、アレクサンドリア司教デメトリオスの認可を得てキリスト教信仰教育に専念し、**アレクサンドリア学派**の中心となる教理学校が誕生する。ところが、パレスチナで、カイサリア司教のもとで司祭として叙階されたことが、デメトリオスの怒りを買い、アレクサンドリアから追放される。その後、カイサリアに迎えられ、そこでも教理学校を開き、有名となった聖書の講解を行う。249年にデキウス帝による迫害によって獄中生活を強いられる。皇帝の死によって釈放されるが、間もなく死去する。

彼の生涯をエウセビオスが名高い『教会史』のなかで伝えている。もっとも良く知られたエピソードは、聖書の言葉に従って結婚できないようにした〔去勢した〕ことである。この出来事は次のように伝承された。

この頃、オリゲネスはアレクサンドリアで信仰教育の仕事に専念していたが、若く未熟な心を示すと同時に、信仰と克己心（ソーフロスエネー）の最大の範を示した。なぜならば彼は、「天の王国のために自らを結婚できないようにされた（エウヌーキサン）者もいる」という言葉を文字通りに受けとり、救い主の言葉を実行することと、また〔そうすれば〕不信仰な者たちの下種の勘ぐりをすべて断ち切ることができると考え――彼は若かったし、聖なる学問を男だけでなく女にも講じていた――、自分の生徒の大半の者に気づかれないように、救い主の御言をすみやかに実行に移した。しかし、彼がそう望んでみても、そのようなことは隠しとおせるものではなかった。事実、デーメートリオスは、その地の教会管区を統轄していたので、後になってそれを知るに至った。デーメートリオスは大胆な行為をやってのけた彼に仰天したが、彼の信仰の熱心さや誠実さを認めて彼を励まし、以後は、信仰教育の仕事に一層専念するように勧めた。（エウセビオス『教会史2』秦剛平訳、山本書店、1987年、162頁、『教会史』下、31頁、講談社学術文庫、2010年、一部修正）

オリゲネスが従った「天の王国のために自らを結婚できないようにされた（エウヌーキサン）者もいる」という聖書個所はマタイによる福音書一九章12節である。しかし、オリグネス自身はこの件について何も語っていない。のちに、ヒエロニムス（Eusebius Sophronius Hieronymus, ca. 347 - 420）も、この出来事を伝えているが、それはこのエウセビオスの記録によるものと思われる。ただし、晩年に、オリゲネスは『マタイ福音書注解』を著述しており、この聖書個所の意味を、「心の欲情を絶ち切ることで、身体に触れることではない」としている。そして、「わたしたちはかつては、神のキリスト、神のロゴスを、肉に従って、即ち文字通りに、認識していたのであるが、今や斯《か》くは理解していない。我々は、第三の宦官《かんがん》となること〔即ち、天国の為に去勢すること〕を天国の為なりと称して自己の身に適用する人々を、良き理解ある者として受け容れないのである」と述べている。従って、晩年のオリゲネスが去勢を否定していたのは確かである。しかし、これをもって、若き日のオリゲネスが、そのような行為をなさなかったとは言い切れない。若き日のオリゲネスは「英雄的で極端な解決策を選ん」でしまったようである（この点は小高毅「オリゲネスの生涯」『諸原理について』創文社、1978年、3頁以下に拠る）。

物語3　異端と戦うアタナシオス

アタナシオス（Athanasius, 298 - 373）は少年時代に最後となった迫害を経験したが、青年の頃には新しいローマ帝国内の教会組織の中にそのメンバーとして組み入れられ、彼はそこにその地位を得ていた。この教会は彼にとって所与の事実であり、終生これに忠誠を尽くした。彼はこれまでのギリシア教父と異なり、キリスト教哲学の学問的雰囲気に馴染んでいなかった最初の思想家である。つまり、彼は教会人であって、学校で教育を受けたのではなく、アレクサンドリアの教会行政の職務によって訓練された。この地には大規模な能率的な付属機関が設けられ、それによってエジプトと北アフリカ一帯を管轄していた。それゆえ彼は教会政治に早くから通暁し、助祭になり、司教の神学上の助言者となって、**ニカイア公会議**に同行した。

ニカイア公会議（325年）は、コンスタンティヌス大帝によって開催され、三百人の司教が召集された。この会議によって「**ニカイア信条**」が定められた。そこで確立された三位一体の教えは、神は人間との交わりを拓くとする、キリスト教に固有の神の理解の根本をなし、また、キリスト教会の歴史を通じて、決定的に重要な信仰経験に属する。もちろん、新約聖書の中には、すでに、三位一体の教えに通じる考えが萌芽的に、至る所に見られるが、明白な教説として示されているわけではない。また、見渡せば、ユダヤ教は厳格な一神論であり、異教は多神教である。キリスト教がユダヤ教とそれぞれ同じ神を信じるのであれば、キリストを神と信じることは、多神教へと転落することのようにも考えられる。実際、一神教の伝統に立って、キリストを神と信じない人々も多くあった。そうした人々は、その後、異端とされたが、そこには、グノーシス的異端(肉体の否定)、キリスト仮現説、モナルキア主義(養子説とサベリウス主義)など、さまざまなタイプがあった。だが、こうした異端思想との対決からキリスト教の最大の教義である**三位一体**が確立されたのであった。

その中でも、多くの人をひきつけた最大の異端的教説は**アレイオス**(336年没)によるものである。アレイオスはアレクサンドリア司教であり、3世紀の最大の弁証家オリゲネスが説いた「従属説」(キリストは父なる神に従属すると説く)をさらに徹底させて、キリストを神と同一視することを否定した。この一派による異端と分離の運動は、教会の最大の係争となった。アレイオス論争はすでにエジプト周辺をこえて拡大しており、東方教会の全体にも衝撃を与えていた。**アタナ**

シオスは論争に参加することによって、すでに巨大な勢力となっていた反対党の勝利に打撃を与え、以後54年の永きにわたって常に変わらない確信と柔軟さとによって、しかもさまざまな表現と手段とに訴えて、教義の本質に関わる問題には揺らぐことなき態度をもって対処した。しかも、時に成功しても、それに甘んじることなく、また失敗しても、決して挫けなかった。

アレイオスが恩赦を与えられて、教会に復帰することを赦されたとしても、アタナシオスはアレイオスを再び受け入れることはできなかった。「真理に逆らって異端を発案し、公会議によってアナテマ（破門）を科せられた」人を受け入れることは原則的にありえないという立場を固守した（アタナシオス『アポロギア』2・59・5）。教会で重要なことは、この世界での目論みではなく、永遠なる問題である人類の救済である。世界も理性も人類を救済できなかった。そのために「ご自身からロゴスであったロゴス」であるキリストが受肉しなければならなかった。彼はわたしたちの肉体を取ることによって、わたしたちの性質を神の永遠の生命と結びつけた。こうして受肉は救いの決定的な出来事となった（アタナシオス『異邦人に対する教え』40）。彼は「最高の学識と勤勉の人、オリゲネス」をよく知っており、一人よがりの解釈上の濫用者であるアレイオスから守ろうとした（アタナシオス『ニカイヤ教令論』27・1）。

このアタナシオスについてコックレンは次のように語っている。

「世界に敵対するアタナシオス」(Athanasius contra mundum) という光景はギボンの物惜しみしない称賛を呼び起こした。ギボンはコンスタンティヌス朝廷の連続する三つの専制君主のもとで五度ほども多くの相違した追放の時期に受けた非難と迫害に直面して戦った、この勇ましい教会の戦士が皇帝の干渉に反対して立ち上げた抵抗を詳細に描いた。アタナシオスの強さは一つの考えしかもたない人の強さであった。正統信仰の弁護が彼の生涯にわたる仕事を激励し続けたのであった。そしてニカイアの公会議がキリスト教を強化したことが真実であるならば、それと同じように、教会は、教会を餌付けしようとしたひとの手にどのように噛みつくことができたのかを示したのだと、アタナシオスとともに言うことが公平であろう。というのも、アレイオス派の司教たちとカトリックの司教たちは、おそらく、個人として、その利益が促進されるか、脅かされるかどうかにもとづいて、〔皇帝の命令に〕従うことも妥協しないこともできた一方で、それにもかかわらず、正統派の立場には、アタナシオスが代表するような強固な集団がいたことは否定されえないだろうからであり、そういうものが異端側には欠けていたのである。そしてコンスタンティウス〔コンスタンティヌスの子で、アレイオス派を復権させアタナシオスらを迫害した〕によって呼び起こされた異教主義に対する迫害の精神が、ほどなく、教会の内部の分派の「治療」に適用されたとき、ニカイアの正統信仰は、今や名ばかりのキリスト教皇帝〔コンスタンティウス〕の手から期待することもなかったような待遇を経験することになった。アタナシオスが自らそれを表現したように、その「迫害はとりわけ新しい異端の恥知らずな行為であった」(アタナシオス、Hist. Arian. 67)。

(コックレン『キリスト教と古典文化』金子晴勇訳、知泉書館、2017年、432—433頁参照)。

物語4　砂漠の師父の物語

『砂漠の師父の言葉』にはキリスト教古代の聖人や教父たちの言葉が残されている。そこには砂漠に隠棲して霊的な完成を求めた人々の姿が記されている。その中でもきわめて有名な隠修士、証聖者アントニオス(ca. 251 - 356)を採り上げてみたい。そこで次のように述べられている。

師父アントニオスは語った。「思うに、体には、おのずと生じてくる自然の動きが備わっている。しかし、魂が意志しなければ、それは十全な働きをしない。こうしたものは、体のうちなる情念によらぬ動きのみを示している。他方、体を食べ物や飲みもので養い温めることによって生じる別の動きもある。それらを通して、血液の熱が体を現に働きへと促すのだ。ゆえに、使徒は言う〈放縦がそこに潜んでいるようなぶどう酒に酔ってはならない〉（エフェソ五6）と。さらに、福音書の中で、主は、弟子たちにこう命じている。〈飲酒に耽ることであなたたちの心が鈍らないよう心せよ〉（ルカ二一34）。また、霊的に闘う者たちにとっては、悪霊の姦計と嫉妬から生ずる別の動きもある。それゆえ、三つの身体的な動きがあることを知らねばならない。一つは自然的なもの、他の一つは過度の食事からくるもの、三つ目は悪霊から来るものである。（『砂漠の師父の言葉』谷隆一郎、岩倉さやか訳、知泉書館、12頁）

アントニオスはエジプトの寒村に富裕な両親の息子として生まれたが、20歳のときすべての家財を棄て、禁欲生活に入り、20年間におよぶ修道によって人間の弱さを克服し、かずかずの奇跡をおこない、多くの弟子を教育し、**修道制度**を創始した。先の引用箇所も修道生活のための教えのひとつである。ここで、さらに、古代の文献を参照して書かれた有名な聖人伝である『**黄金伝説**』からその生活に一端を紹介したい。

あるとき、アントニオスが墓穴で寝ていると、そこに大群の悪霊が押しかけてきて、彼を殴ったり、引きずりまわしたりした。彼の下男は、てっきり死んだものとおもって、彼を肩にかついで帰った。すると、友人たちもみんな彼のまわりに集まって、死んだものとばかりおもって彼のことを嘆き悲しんだ。ところが、みんなが眠ってしまうと、アントニオスは、眼をさまし、下男にもう一度墓穴へかついでいってほしいと命じた。彼は、傷の痛みのために墓穴にぐったり横になっていたが、それでも精神の力で悪霊たちをもう一度戦いに呼びだした。悪霊たちは、さまざまな身の毛もよだつような化け物の姿をしてあらわれ、角や歯や爪でふたたび見るも無残に彼を引っ掻きまわした。が、そのとき突然、明るい一条の光がさしてきて、悪霊たちをのこらず追いちらした。そして、アントニオスは、たちまちもとの元気な姿にもどった。そこで、キリストが臨在されていることをさとって、「主よ、最初のときはここに来てくださいませんでしたし、わたしを助けてもくださらなければ、傷を治してもくださいませんでしたが、どこにおられたのですか」と言った。主は、答えられた。「アントニオスよ、わたしは、あなたのそばにいた。しかし、あなたの戦いぶりをぜひ見たい気がしたのである。しかし、あなたは、ほんとうに雄々しい戦いぶりを見せてくれた。わたしは、あなたの名声が世界じゅうに大きくなるようにしよう」。

（ヤコブス・デ・ウォラギネ『黄金伝説』I　前田敬作、今村孝訳、人文書院、244―245頁）

この出来事をアタナシオスも『アントニオス伝』に詳細に伝えている。誘惑の首謀者は悪魔であると見なされ、それは善を憎むのが常である嫉妬深い姿で描かれ、若いアントニオスの志を見るに耐えられず、「まず手始めに、財産に対する追憶、妹への配慮、家庭の愛への思いをかき立て、彼がなしている修行を放棄させようと試みた。金銭に対する欲求、野望、食べ物の嗜好、この世のさまざまな慰撫を彼の心に吹き込んだ」。その上で「徳行の苛酷さを彼の心に吹き込み、それに要求される多大な労苦、肉体の弱さ、長い時間に彼の心を向けさせた」（「アントニオス伝」小高毅訳、『中世思想原典集成1』平凡社、778頁）。

こうした誘惑の手は時とともにますます激しくなり、激しい試練となっていく。とりわけ「淫行の霊」と呼ばれる悪魔はアントニオスを激しく誘惑するが、彼の固い決意にあって、かえって自分の無力が知らされ、彼の剛毅に自分が敗れ、信仰によって撃退されてしまう。こうして悪魔はアントニオスのたえざる祈りによって撃退される。アントニオスはキリストを思い、キリストから得た魂の気高さと洞察力を心に持し、悪魔の誘惑と情火の炭火を消してしまった。さらにまた、敵が快楽への欲求を彼の心に吹き込むと、彼は誘惑に負けたときの地獄の苦悩を思い起こして、それに対抗し無傷で切り抜け、悪魔を狼狽させることになった。

このようにアントニオスは、キリスト者の信仰生活と霊性、とくに修道的な霊性の模範となり、とりわけ、彼の回心、試練と誘惑の物語は、大きな影響を後世に残すことになった。そうしたアントニオスの物語に触れて、アウグスティヌスは回心を求めるようになり、アッシジのフランチェスコは福音の言葉を文字通り実践する生き方に入っていったのである。また、アントニオスが砂漠で受けた数々の試練と誘惑は、芸術家たちにインスピレーションを与え、画家の**グリューネヴァルト**は誘惑の様を絵画で示し、小説家の**フロベール**はその著作**『聖アントワーヌの誘惑』**によってその戦いを描いた。

こうして**「荒野の泉、修道士の父」**と呼ばれるようになったアントニオスは、できるだけ、人前に出ていくことを避けた。しかし、アタナシオスの要請によって、一時、隠遁生活を離れ、アレクサンドリアで**アリウス派**に反対する説教をし、異端者を論駁し正統信仰を擁護している。また、そこで、悪霊に苦しめられる人を癒し、異教徒にも影響をあたえ、感化して、多くの人をキリスト教へと引き入れた。また、あるときは、砂漠に住まう彼をためそうと訪れた哲学者と討論し、受肉によって「神性と御言葉の特性に与ること」が可能になったことを説き明かすとともに、十字架の力によって悪霊から人々が癒されることを示して、哲学者を感化して帰した。

物語5　アンブロシウスとシュンマクスの対決

背教者ユリアヌス帝の反動的な政策はローマ帝国にとってキリスト教の力がもはや無視できないほど大きな勢力となったことを実証した。彼はキリスト教に対する最後の精神的な抗議を断行したのであって、それは同時にローマがその文化的根源であったギリシア精神を復興しようとする試みでもあった。ここにはキリスト教に対向する異教勢力が牢固として存在することを物語っている。

こうした異教勢力の存在は384年にミラノの司教**アンブロシウス**とローマの首都長官シュンマクスとの間に起こった対決という事件にもっとも顕著に示される。その当時アウグスティヌスは**マニ教**の「聴講者」であって「選良者」ではなかったが、それでもマニ教がローマ東方の敵地から伝わった宗教であったうえ、秘密組織を作って活動したため、政治的に疑惑の目が向けられていた。アウグスティヌスはローマには有力なマニ教徒がいたので、カルタゴから安全なローマに移ったとも言われている。彼の反対者は、カルタゴを彼が離れたのは異教信仰のゆえに逮捕されることを免れるためだと主張した。ところが彼はローマではキリスト教嫌いの市長シュンマクスと出会い、その推薦を獲てミラノの修辞学の教師となった。シュンマクスは、彼の親族にあたるミラノの**アンブロシウス**から、ミラノに修辞学の教師を派遣するように依頼されていたのであった。この二人はイタリアの古いアウレイイ家の出身で、多少の血縁もあって、当代の雄弁家であったが、信仰では絶対に相容れなかった（岩下壮一「聖アウグスチヌス『神国論』」『中世哲学思想研究』岩波書店、1942年、225頁参照）。

ところがこの二人、つまりシュンマクスとアンブロシウスは、グラティアヌス帝の法案をめぐって対決に追い込まれた。というのもその中に勝利の女神の祭壇を撤去する案件が含まれていたからである。歴史家によるとこの勝利の女神の祭壇ではかつて元老院議員は香を炊き、神酒を捧げ、誓いを立ててきた。コンスタンティヌス大帝の息子コンスタンティウス二世は357年にローマを訪れ、犠牲と偶像崇拝、それに異教儀礼のために神殿を使用することを禁止したが、神殿を建築遺産として、また人気のある祝祭のゆえに残すことを許した。こうして祭壇は撤去されたが、勝利の女神像は残されたのであった。ところが背教者ユリアヌス帝の時代に反動政策によって祭壇は元の場所に戻され、先のグラティアヌス帝が撤去させるまで、勝利の女神像はそのまま置かれていた。

シュンマクスは元老院議員たちを集めてこの女神像の撤去の法令に抗議した。彼が384年にローマの首都長官に就任したとき、公的文書のなかに祭壇は戻されるべきであるという皇帝への嘆願書を入れ（この嘆願書について南雲泰輔『ローマ帝国の東西分裂』岩波書店、２０１６年、43頁を参照）、次のように抗議した。

それゆえ、我々は父祖の神々、我々を守り給う神々に平穏をとお願いするものであります。万人が何を拝しようとも、それはひとつであると考えるのが正しいことです。我々は星々を仰ぎ見ます。天は万人に共通であり、同一の世界が我々を取り巻いております。各人がいかなる叡智に従って真理を追究しようと、それは問題ではありませんでしょう。かくも偉大なる神秘にただひとつの道から到達することは不可能なのですから。

（クラーク『古代末期のローマ帝国』足立広明訳、白水社、２０１５年、118頁）

この発言を見ても明らかなようにシュンマクスは穏健な保守主義者であって、勝利の女神の祭壇を奪還することを嘆願した。それに対しアンブロシウスは、ミラノの宮廷における影響力を行使して、当時14歳の皇帝を説得して、この議論に抵抗させ、兄の先帝の決定を覆すことができないと宣言させた。こうしてシュンマクスの提案は拒否された。そのため、３９２年に短期間、異教皇帝エウゲニウスが権力を掌握したときを除いて、祭壇が戻されることはなかった。これは歴史上とても有名な事件となった。

アウグスティヌスはローマの宗教を、何ら実行力を伴わない小さな神々の雑多な寄せ集めにすぎず、信仰心を欠如した政治家が催すみだらな儀式に過ぎないと、当代のローマ宗教の著名な権威であるウァロの『人事と神事の故事来歴』から判定し、神話的な物語からなる政治神学を排斥した。ところが410年にローマがゴート族によって攻略されると、その責任がキリスト教に転嫁され、ローマの神々がローマを偉大な帝国にしたのに、キリスト教徒がその神々を崇拝するのを拒否したために、永遠の都市の略奪を許すことになったのだ、と異教徒たちは猛烈にキリスト教を批判するに至った。これに対決してアウグスティヌスは大作『神の国』を著してキリスト教を弁護することになった。

物語6　アウグスティヌスの回心物語

386年の暮にアウグスティヌスは信仰を決断する時を迎えた。回心はミラノの「庭園のある家」で起こった（そこに居合わせたのは友人のアリピウスであり、彼はその年までマニ教を信奉していたが、後にタガステの司教となった有能な法律家であった。シェルプール作、1430年ころ。次頁写真）。

アウグスティヌスの健康状態は悪くなっていて、喘息と声が出なくなる症状が出ていた。このことは彼の不安定な状況の兆候とみるべきか、それとも決断に伴う副次的原因によるものであるか明らかではない。いずれにせよ、彼は自分の教授職を放棄することを決心し、同時に世俗的職業への野心も放棄した。ところが彼にとって最大の難関は結婚への意志をいっさい放棄することであった。婦人なしに生きることができようか。彼は宮廷の役所で働いているアフリカ出身の友人からミラノで禁欲生活を営んでいる集りのあることを知った。またエジプトの隠者アントニウスが富を捨てたことも聞いた。アントニウスの生活はアレクサンドリアの司教アタナシオスによって書き記され、西方の読者のために直ちにラテン語に訳されていた。彼らが禁欲生活を実行しえたとしたら、どうして彼自身にもできないことがあろうか。それとも彼の意志は弱すぎたのか。その苦悩のなかで、聖書を通じて

神の言葉を聞くことによって回心が生じたのであって、『告白録』第8巻にその回心物語が次のように叙述されている。

しかし、深い考察によって、魂のかくれた奥底から、自分のうちにあったすべての悲惨がひきずりだされ、心の目の前につみあげられたとき、恐ろしい嵐がまきおこり、はげしい涙のにわか雨をもよおしてきました。……わたしはあわれな声をはりあげていいました。「いったい、いつまで、いつまで、あした、また、あしたなのでしょう。どうして、いま、でないのでしょう。なぜ、いまこのときに、醜いわたしが終わらないのでしょう」。わたしはこういいながら、心を打ち砕かれ、ひどく苦い悔恨の涙にくれて泣いていました。すると、どうでしょう。隣の家から、くりかえし歌うような調子で、少年か少女か知りませんが、「とれ、よめ。とれ、よめ」という声が聞こえてきたのです。瞬間、わたしは顔色を変えて、子どもたちがふつう何か遊戯をするさいに、そういった文句をうたうものであろうかと、一心に考えはじめました。けれどもどこかでそんな歌を聞いたおぼえは全然ないのです。わたしはどっとあふれでる涙をおさえて立ちあがりました。これは聖書をひらいて、最初に目にとまった章を読めとの神の命令にちがいないと解釈したのです。……わたしは、立ちあがったときに、使徒の書を置いてあったのです。それをひったくり、ひらき、最初に目にふれた章を、黙って読みました。「宴楽と泥酔、好色と淫乱、争いと嫉《そね》みとをすてよ。主イエス・キリストを着よ。肉欲をみたすことに心をむけるな」。わたしはそれ以上読もうとは思わず、その必要もありませんでした。というのは、この節を読み終わった瞬間、いわば安心の光とでもいったものが、心の中にそそぎこまれてきて、すべての疑いの闇は消え失せてしまったからです。

（『告白録』Ⅷ・12・28、29、山田晶訳『世界の名著』中央公論社、284—286頁）

アウグスティヌスは子どもの声「とれ、よめ」を聞いて、パウロの手紙を開き、最初目に触れた言葉を神からの言葉として受け、これに従うことによって回心した。これはアントニウスが教会で朗読された聖句に従って修道生活に入ったという模範に倣うものであった。神の言葉を聞いて信じるというのが彼の霊性の特質であり、それが「心」のドラマを生み出したのであった。先の引用箇所で彼は「心」によっていかに深い悲惨から平安に移ったかを物語る。まず彼は隠されていた悲惨が「心の目」の前に積みあげられ、悔恨のうちに沈んでゆく有様を描く。この霊性は「魂のかくれた奥底から引き出されて」ドラマの前景に現れた。回心はこのような深い心である「**霊性**」を舞台にして起こった。そこでは心からの呻きが発せられ、涙ながらに神へ向かって心が訴え、専一的にかかわってゆくさ中に、彼は「とれ、よめ」の声を聞き、聖書を開いて神の言葉を聞くと「たちまち平安の光ともいうべきものがわたしの心の中にそそがれて、疑惑の闇はすっかり消え失せた」のである。

回心はこのように一瞬の出来事であった。『告白録』第9巻では、この出来事の残響が記されており、その内実が次第に明瞭になってくる。神の言葉は心の外から文字を通して読まれるものであって、「わたしはこれらの聖句を外に読み、内に認めて叫んだ」(前掲書、IX・4・10)とあるような出来事が生起した。先のテキストでは「心」のなかに平安の光が注がれたとあったが、それは聖書にある文字が心の肉碑に深くきざまれることを言う。これを行なうのは愛であり、聖霊のわざである(ローマ五5)。この事態を説明して彼は言う、「あなたはわたしたちの心をあなたの愛の矢で貫かれた。そこでわたしたちは、はらわたにつきささったあなたのことばを身に帯びた」(前掲書、IX・2・3)と。したがって愛の矢が心中深く射込まれると、外的な文字のことばが、はらわたを通って身中に入り、その人の内から理解をおこし、神に向かって新たに言葉を発するようになるといえよう。この意味で教会の賛美歌についても、「その声はわたしの耳に流れこみ、あなたの真理はわたしの心にしみわたった」(ibid., 6, 14)とも言われる。

アウグスティヌスの回心はキリスト教的古代に生じた典型的なものであった。というのは古代的な教養を尽くして彼は自己形成を行ない、キケロによって知的な方向転換を経験し、さらに新プラトン主義によって哲学的な最高の認識を体得するに至っていたからである。それゆえ彼の回心は「**世紀の回心**」といわれる。

VI　中世思想家たちと愛の物語

中世思想史の概観

中世とは古代と近代との中間の時代をいう。したがって中世哲学は9世紀から15世紀の前半にわたるヨーロッパ哲学の総称であり、大部分は中世キリスト教会の聖堂や修道院の付属の学院、また学僧たち（Scholastici）によって説かれた哲学であるため、**スコラ哲学**または**スコラ学**とも言われる。古代末期のアウグスティヌスはこの時期の思想家に決定的な影響を与えたので、広い意味では**中世思想史**に入れられる。中世思想史では、公会議によって決定された教会の正統的な教義に忠実な思想家と異端的な思想家とのあいだに正統と異端をめぐるするどい論争が展開されるとともに、**ユダヤ哲学**やアヴィケンナ（Avicenna, 980 - 1037）やアヴェロエス（Averroes, 1126 - 1198）に代表される**アラビア哲学**の受容と対決も含まれる。

この時代は一般的には三つの時代に区分されている。

（1）初期の9―12世紀の**成立期**には、**エリウゲナ**、**アンセルムス**、**クレルヴォーのベルナルドゥス**、**アベラルドゥス**などが輩出し、

（2）13世紀の**全盛期**には**ボナヴェントゥラ**、**トマス・アクィナス**、**ロジャー・ベーコン**などが活躍した。

（3）**後期**の14―15世紀前半には**ドゥンス・スコトゥス**や**オッカム**らが精妙かつ鋭利なスコラ的思弁を錬磨する一方で、**エックハルト**や**タウラー**のような神秘主義者たちも活躍した。

中世思想の**基本的特質**は聖書によって啓示された信仰内容を理性的に解明していくところに求められる。アンセルムスによって説かれた「理解するために、わたしは信じる」（Credo, ut intelligam）はこの基本姿勢を示す。信仰内容の合理的な説明を試みるために最初はプラトンと新プラトン主義の哲学が、後にはアラビアを経由して移入されたアリストテレスの哲学が積極的に受容された。このことは、同時に信仰と理性、神学と哲学、教会と国家との対立をどのように和解させ、調停して、秩序づけるかという問題を生み出し、相互に対立しているものを上下の階層秩序において統一する中世統一文化を構築することになった。その思想体系の壮大にして深遠な

のは他に類例がなく、12世紀に始まるゴシック式大聖堂の壮麗な建築に比較される。

物語1　グレゴリウス一世

ラテン最後の教父にして中世初期を代表する思想家である**グレゴリウス一世**（540頃―604、教皇在位590―604）は中世教皇政治制度の創立者ともなった。彼は元老院議員の子として生まれ、ローマ市の長官となるが、多年の修道生活への憧れ止みがたく、公職を辞し、シチリア島にあったその領地を売却し、貧民に施し、七つの修道院を建てる。そうしたグレゴリウスの生涯の物語を学ぶために、ピエール・リシェ（Pierre Riché, 1921－2019）の『**大グレゴリウス小伝——西欧中世世界の先導者**』（岩村清太訳、知泉書館、２０１３年）を見てゆく。リシェはそこでグレゴリウスの回心について次のように述べている。

当時、35歳といえばかなりの年であるが、グレゴリウスはこの年齢に達したとき、自分がこうした世俗的活動の生活に不向きであることに次第に気付いていった。しかしどのようにしてそこから解放されたものか。彼はこのことで良心の危機を経験し、セビリヤのレアンデル宛の書簡のなかで次のように述べている。「私は長いこと、いつ果てるともなく、回心の恵みを先送りしていました。天国に対する願望を強く感じたあとも、私は世俗の衣服を身にまとう方がよいと考えていました。そのころから、私が永遠の愛をもって探していたものが私のまえに見えていました。しかし私の生活に食い込んだ慣習の鎖が私の生き方を変えるのを妨げていました。私の魂はまだ外部からこの世に仕えようと努めていましたが、しかしこの世に対する心遣いは、徐々に私の幸せに反する心配を無数に増大させ、外部だけでなく、より重大なことに、私の魂を束縛するほどでした。私は熟慮のあと、ついにこうした苦境から逃げ出して修道院という避難所に入り、そこできっぱり世俗に対する心遣いを放棄しました。少なくとも私はそのように信じ、裸一貫で生命の破滅から逃れたのです」(『ヨブ記倫理的解釈』の献呈書簡)。両親が死去したあと、グレゴリウスはその決心を実行に移した。かれは、チェリオの丘にある自宅を修道院に変え、家に備え付けてあった一切のものを売り払い、その売り上げは貧者に施した。こうして古代ローマの貴族グレゴリウスは修道者となり、新たな生活を始めたのであった。

(前掲訳書、12—13頁)

しかし、教皇ペラギウス二世に抜擢されて教会政治のために活躍し、民衆の求めによって半ば強制的に教皇に選ばれた。彼は修道士から初めて教皇となった人であり、後に「大教皇」と呼ばれる。古代教会から中世教会への体制上の転換を図り、卓越せる行政的手腕をふるい、教皇に絶対権を与えることに成功した。また、それとともに、彼は崩れゆく古いローマ世界の伝統を守り、新しい世俗の王たちとわたりあって、キリスト教の前途に横たわる障害を取り除き、中世キリスト教社会の方向を定め、ヨーロッパ・キリスト教世界のもといを定めた。

ここからあの雄大な「**キリスト教的ヨーロッパ**」という構想が生まれてくる。グレゴリウスはアングロ・サクソン人への布教を計画し、ローマの修道院長であったアウグスティヌス（初代カンタベリー大司教となる。『告白録』の著者アウグスティヌスとは別人）を、40人の修道士とともに、宣教師としてイギリスに派遣した。リシェ曰く「教会に敵意を抱いていた18世紀の啓蒙主義者ギボンも言うように、『それは（アングル人の改宗）は、ブリタニアの征服者カエサル以上の栄光の座をグレゴリウスにもたらした』。グレゴリウスは、イギリスに教会を創設することによって、イギリスと大陸との交流を可能にする魅力ある拠点を設置したのである。それは、新たなキリスト教文化が展開されるいわば北方地中海世界の出現を可能にするものであった」（前掲書、114頁）。とはいえ、彼の最大の関心は信者の霊的な生活を深めることであって、これを具体化するために教会規則の確立や礼典の整備に努め、祈祷文やミサ式文を定めた（名高い「グレゴリオ聖歌」も彼に由来するとされる）。しかし、回心以来、一貫して、彼の理想とした霊的生活は修道生活であり、公職を辞してからは、死に至るまで修道士にとどまったのである。

物語2　騎士道とヨーロッパ的な愛

12世紀がヨーロッパにおけるルネサンスともいえる創造的な時代であったことは、イギリスの中世史家バラクラフの『**転換期の歴史**』やオランダの文化史家ホイジンガの『**文化史の課題**』によっても指摘されていた。それを「**十二世紀ルネサンス**」と命名したのはアメリカの中世史家チャールズ・ホーマー・ハスキンズであり、その著作『**十二世紀ルネサンス**』によって定着するにいたった。この時代にヨーロッパでは都市が勃興し、最初の官僚国家が形成されはじめ、古代の遺産も再発見されて、修道院から大学にいたるまで他に類例を見ないほどの目覚ましい創造的な発展をもたらした。とりわけ再発見されたラテン語の古典・詩・散文が遊歴書生の新しい押韻詩、「カルミナ・ブラーナ」の聖・俗にわたる愛の詩に復活した。

その1　吟遊詩人トゥルバドゥール

この時代はヨーロッパの日常生活においても大きな変化が起こった。そのひとつが、宮廷を中心にして展開された「恋愛」である。その生き生きとした姿は12世紀文学を代表するトゥルバドゥール（吟遊詩人）によって歌われている。12世紀に生じた「恋愛」の特質は、トゥルバドゥールの歌と、11世紀の武勲詩『**ローランの歌**』と比較すると明らかになる。『ローランの歌』ではイスラムの軍勢が攻めてきたことを角笛を吹いて報せながら死んでいく騎士の魂とその情景が切々と歌われた。騎士が自己の義務を果たして死んでいく、その崇高な精神が高らかに賛美されている。しかしそこには女性に対する愛といったものはなく、ただ粗野で武骨で戦闘的なゲルマンの騎士魂が賛美され、故郷に許婚がいても、死に面して彼女のことを一度も思い出していない。当時のゲルマン社会では女性は男性の従属物にすぎず、全身全霊をあげて女性に献身し、人格として尊重する考えは未だ生れていなかった。

ところが12世紀に入ると『**トリスタンとイズー**』という傑作が登場し、王妃イズーへの騎士トリスタンの「至純の愛」（フィナモル）が大いに賛美され、婦人の地位が向上するにいたった。そこには背景として実際生活における婦人の地位の高まりが認められる。しかし、二人の愛が「荒野」においてしか実現せず、トリスタンが他の女性（白い手のイズー）と結婚せざるをえなかったところに、当時の社会生活との衝突が明瞭であるし、両人の恋愛を喚起させた「媚薬」には衝撃的な運命のもつ不可抗力が認められており、愛が相互の自由な発意から生じるものとは未だ考えられていなかった。これに対し南フランスの宮廷的恋愛詩人トゥルバドゥールが登場してきて、新しい愛の観念が創り出された。

この新しい愛について、「愛は12世紀の発明である」と歴史家セニョボスは驚くべき発言をしている（新倉俊一『ヨーロッパ中世人の世界』筑摩書房、1985年、129頁参照）。そこには男女の自由な相互的な愛によって女性を高貴な存在として崇め、憧れの女性に対して熱烈で謙虚な愛をささげる姿が見受けられる。それは宮廷を中心に騎士の間に生じてきた「女性への献身」という愛の新しい形態に結実し、ルージュモンはこれを「ヨーロッパ的な愛」と呼んだ（ドニ・ド・ルージュモン『愛について』鈴木健郎・川村克己訳、岩波書店、1960年参照）。この「騎士道的愛」とも「宮廷的な愛」とも呼ばれている愛は「きらびやかさ」とか「雅び」を重んじ、トゥルバドゥールの恋愛詩の中に歌われ、貴婦人に対する「至純の愛」を捧げるものとして、謙譲・礼節・献身・服従を美徳として賛美している。「トゥルバドゥールの大発見とは、愛が火の流れ、燃え上がる肉欲以外のもの、或いはそれ以上のものになりうるということである」とフランスの歴史家マルーは述べている（筆名アンリ・ダヴァンソン［アンリ・イレネー・マルー］、『トゥルバドゥール』筑摩書房、1985年、225－226頁参照）。この新しい愛の影響は今日の欧米社会に広くかつ深く浸透し、婦人を常に大切に扱う礼儀作法となり、ヨーロッパ文化の基礎に定着した。

宮廷礼拝堂付き司祭アンドレ・ル・シャプランの『正しい恋愛技術法』（13世紀初頭の作）によるとこの新しい愛には次のような特徴がある（以下、新倉、前掲書、153頁以下、および、ダヴァンソン、前掲書、226－237頁参照）。

①強制的で義務からなる結婚の夫婦愛と相違して新しい愛は突発性と驚きという新鮮さを伴っている。「愛する女の出現は恋人の心を驚愕で満たす」。

②官能を退けないとしても、愛欲の達成が目的ではなく、女性の存在そのものに専一的に関わる純潔をめざしている。「真の恋人とは愛する女性の愛を受けること以外には何も願わぬものである」。

③至純な愛は持続と良い評判を保ち、心の交わりから口付けと抱擁に進んでも、「最後の快楽は抜きとなる」。

④結婚愛とは区別される。「わたしたちは愛が二人の結婚にまでその力を延ばしえないと決めているし、それを規則として確立している」。

⑤心からの愛を強調し、「心底からの愛情に発したものでなければ、愛の神に仕えても意味が

ないはずである」とこの司祭（アンドレ・ル・シャプラン）は説いた。ここにカトリック教会の結婚に対する消極的態度と宮廷的愛との一致が見られる。

この愛は恋人を雅びから徳行にいたらせる。まず恋人の美しさが現世に優る価値として映り、詩人は愛を高い山頂に導いている。たとえばある詩人によって次ぎのように歌われる。

正しい昼の光こそが／すべての明るさに立ち優るように／愛しい方、私には思える、あなたの／美しさ　長所　価値　雅びな心は／この世のすべてのものに立ち優る。さらに雅びの恋をして徳に向かわせる。こう歌われている。何故なら、愛は罪ではない／それどころか、悪人を善人に変え／善人をより優れた人間に高め／あらゆる人間をして常に善行に／赴かしめる徳なのだ。／そして愛から純潔が生まれる／何故なら、愛の何たるかを心得たものは／もはや邪な振舞いはできぬから。（ダヴァンソン、前掲書、238頁参照）

こうして人間的な愛が謳歌されただけではなく、時代の宗教的な深まりの影響を受けて愛が宗教的な性格をもつように高められた。そこには個人の意識が芽生えているのであるが、時代が進むとそれは世俗的なものに変化していく。聖と俗との激しい対立感情こそ中世の生活感情なのである。

その2　宮廷的な愛と『薔薇《ばら》物語』

トゥルバドゥールたちによって歌われた愛は敬虔と徳に結びついて、宗教的な色彩を最初は濃厚に湛えて中世社会に受け入れられていった。つまり騎士道が修道生活の理想と結びついて、テンプル騎士団のような宗教騎士団が生まれる。ここに「騎士とその愛人」というテーマが実際の生活のなかから浮かび上がってくる。そこでは愛ゆえの英雄行為とか、処女を救う若き英雄といった騎士道的な愛の主題がうたわれる。そこに潜んでいたのは馬上の戦士という男性の力と勇気に対する無上の崇拝であり、やがてそこに騎士道思想の核心が露呈してきて、それが「美にまで高められた自負心」であることが判明する。このようにして騎士道の名聞追求は馬上試合（トーナメント）という装飾過剰な緞帳《どんちょう》に包まれたスポーツの中に具現し、「アーサー王と円卓の騎士の物語」が流行するになった。中世文化史家のホイジンガは『中世の秋』の中で「およそ終末の時代には、上流階層の文化生活は、ほとんどまんべんなく遊びと化してしまう。末期中世は、そういう時代であった。現実は重く、きびしく、無情である。そこで、人びとは、騎士道理想の美しい夢へと現実をひきこみ、そこに遊びの世界を築き上げたの

だ」と語っている（同書、堀越孝一訳、上巻、中公文庫、１９７６年、149頁参照）。

この時期には宮廷的愛も変貌してゆき、ギヨーム・ド・ロリスとジャン・ド・マン作の『薔薇《ばら》物語』（１２８０年頃。前頁写真『薔薇物語』写本〔1420-30〕、愛の神のロンド）が新しい内容をそれに注ぎ込むにいたった。この作品はその後2世紀にわたって貴族の恋愛作法を支配し、あらゆる分野における生活指導の百科全書として知識の宝庫を提供した。実に世俗の文化理想が女性への愛の理想と融合したような時代はこの時代しかなかったといえよう。

ここに示されている愛の様式化は、情熱の凶暴な力をして高尚な規則に則って美しい遊びにまで高めさせた。だがもしそれを怠ると野蛮に転落すること必定であった。それゆえにこの書はエロティシズム文化の聖書として活用された。同書は、強烈な刺激を伴う仕方で、処女性の秘密を「ばら」として象徴化し、それを勝ち取るために、技巧をこらし、忍耐を重ねる努力を説いている。それゆえ宮廷風の気高い理論がちりばめられていても、その理想は変質し、もはや倫理的でも宗教的でもなく、単に貴族的な愛欲の洗練さだけが残っている。

これから始めるこの物語には……〈愛〉の技法の全てがある。上々のテーマだ。私の企てるこの物語がある女性に歓迎されることを神様がお認めくださいますよう。大きな値打ちがあり、愛されるに値するほどの方ならば《薔薇》と呼ばれるのが相応しい。

（『薔薇物語』見目誠訳、未知谷、10―11頁）

楽園の外壁に描かれている人物像には憎悪、背信、下賤、貪欲、吝嗇《りんしょく》、羨望、悲嘆、老年、偽善者、貧困があって、圏外に退けられている。楽園の内に引き入れたのは擬人化した閑暇であり、愉悦がその友である。ここで説かれている徳目は気楽さ、快楽主義、快活さ、愛、美、富、寛大さ、率直、礼儀正しさであっても、それは愛する人の人格を高めるものではなく、愛人を獲得するための手段にすぎない。そこにはもはや女性崇拝は消えており、女性の弱さへの冷酷な軽蔑があるだけである。このように変化したのは愛が官能的性格のものと考えられたことによる。わたしたちはこの書を支配している官能性および教会と聖書をパロディーとして用いる異教性によってルネサンスへの第一歩を見いだすことができる。

中世末期の生活感情はこのような傾向を示している。これに対し教会は信仰の指導を試みており、たとえば15世紀を代表するフランスの神学者**ジェルソン**（Jean Gerson, 1363 - 1429）は「愛の神秘主義」を提唱し、時代の「性愛の神秘主義」に対決した。彼はネーデルランドに起こっていた「新しい敬虔」の運動を高く評価し、単なる「感性」の肯定に流れる傾向に対して「霊性」に立つ神律文化を説いた。このような「**感性**」と「**霊性**」の激しい対立もまた中世文化の特質なのではなかろうか。

物語3　アンセルムスは語る

中世哲学の基本的特質は聖書によって啓示された信仰内容を理性的に解明していく試みである。11世紀の後半から12世紀にかけて活躍した**アンセルムス**（Anselmus, 1033 - 1109）は、初期にはアウグスティヌスの思想に忠実に従いながらも理性にもとづく厳密に論理的思索を展開していった。とりわけ信仰の内容をできるだけ理解しようとするアウグスティヌスの態度を継承し、信仰に属することを初めから理性で処理しようとするのは傲慢であるが、信仰内容をできるかぎり理解しようとしないのは怠慢であるとした。なぜなら、信仰はただ権威にもとづいて信ぜよと命じるだけでなく、理解せよと促すのであり、その促しにしたがって、信仰が教えるものを理性によって解明するべきであると彼は主張した。そうして、アンセルムスは信仰内容を徹底的に理解しようとするのであるから、信ずべき神もまた理性によって解明されることになる。それが有名な**神の存在の証明**である。

彼の神の存在証明のなかでも、『プロスロギオン』における論証がもっとも有名である。同書では、彼はまず祈りと神に対する呼びかけともに神探求を開始し、自己に対して人格的にかかわる超越神への信仰から、信仰内容の知解へと進んでゆく。そして「それよりも優れたものはあり得ないもの」というアウグスティヌスの『自由意志論』の説を受け継ぎながら、「それより偉大なものが何も考えられ得ないようなある本性」という神理解を提示し、そのようなものである限り、神が存在することは、信仰によって信じられるだけでなく、論証され、理解されるとする。つまり「それより偉大なものが何も考えられ得ないようなある本性」において、何かが欠けていると考えることは不可能であるので、それが存在を欠いていることはありえないと考えるほかない。それゆえに、理性は、そうした本性がそのようなものとして必ず存在すると言わざるを得ない。もちろん、それは、ただ概念的にのみそのように理解されるのだとすることもできる。しかし、そうなると、概念だけで、現実の存在を欠いている不完全なものとなってしまうので、やはり、必ず現実に存在するものであると理性的に考えざるを得ない。こうして、神は、そうしたものである限り、存在するものであることは理性にとって必然であり、明らかであるとされる。

それより偉大なものが何も考えられ得ないようなある本性が存在するかどうかを疑う者、あるいはそれが存在することを否定する者に対して、本論はこのような本性が存在することは次のように証明されると言う。第一に、人がそれについて語るのを聞く時、この本性を否定する者も疑う者もその言われたことを理解するから、すでにそれを彼はその理解のうちに持っている。次に、彼が理解したものは知性のうちのみでなく、実体としても存在しなければならない。このことは、理解のうちにのみあるよりも、実体としても存在するほうが偉大であることによって証明される。そもそも、もしそれがただ理解のうちにのみ存在するなら、実在としてさえも存在したものは、いずれもこのものよりも偉大であろうし、このようにして、全てよりも偉大なものがあるものよりも小で、全てのものよりも偉大ではないことになる。これは全く矛盾している。それゆえ、全てのものよりも偉大であって、理解のうちに存在することがすでに証明されたものは、理解のうちに存在するだけではなく、実在としても存在しなければならない。そうでなければ、全てのものよりも偉大ではあり得ないからであると。

（『アンセルムス全集』古田暁訳、聖文舎、１９８０年、180頁）

これに対して、やはり神は実在しない、それは空想から出た観念にすぎないという人もいた。しかし、彼は、そのように疑う無神論者であっても、理性があるならば、自分がこしらえた空想的な神観念と比べて、「それより偉大なものが何も考えられ得ないようなある本性」が必ず存在することを理性的には認めざるをえないと説いている。

このアンセルムスの神の定義は、のちのデカルトの定義のように、たんに「完全なる存在者」として完全性という概念のなかに神を閉じ込める神観念とは相違する。アンセルムスの言う「それより偉大なものが何も考えられ得ないようなある本性」は、どのような概念であっても、神は人間によって考えられた何かであることはできない、ということを意味している。まさに「それより偉大なものが何も考えられ得ないようなある本性」として、神は、実に人間の理性や思想をまったく超出する「**荘厳なる神**」なのである。こうして人間の理解の限界をはるかに超える、信仰の対象たる神を、信仰の導きのもとに、理性によって可能なかぎり理解しようとするのがアンセルムスの基本姿勢であり、実在する神に向かっての、信仰と理性による真剣な探求こそが中世スコラ学の誕生の原点なのである。

物語4　ベルナールの花嫁神秘主義

12世紀のパリの長官にして教会史家であったペトルス・コメストル(Peter Comesto, ca. 1100 - 1178)

は修道院で生活している人たちとスコラ学者とを対比して次のように語った。「読書よりも祈りに専心する人々がいる。修道院に住む人々である。またすべての時間を読書に過ごし、祈ることはまれな人々がいる。彼らはスコラ学者なのである」（ルクレール『修道院文化入門——学問への愛と神への希求』神崎忠昭訳、知泉書館、254頁）と。アンセルムスの時代から少しあとの、この証言から、学問的な討論を主とするスコラ学者と、瞑想的な祈りを主とする修道者の、それぞれの学究の姿勢が大きく異なるものとしてうけとられるようになっていたことがわかる。

その時期の代表的な修道院神学者に、クレルヴォーの修道院長**ベルナール**（**ベルナルドゥス**とも表記される。Bernardus Claraevallensis, 1090 - 1153）がいる。彼は、ヨーロッパ中世におけるキリスト教的な霊性の伝統を形成した神学者にして**神秘主義者**であった。同時代の人々にベルナールは聖人と映っていた。彼こそ霊性の学としての神秘主義を新しく樹立した思想家であった。

彼の神秘主義の最大の特質は「花嫁–神秘主義」（Braut-mystik）に求めることができる。彼は旧約聖書の『雅歌』から「花嫁–神秘主義」という独特な思想を展開させており、キリストと教会との関係を「花婿と花嫁」という親密な間柄として理解した。このような親密な間柄関係は古代社会では隠されていた。なぜなら古代においては部族や民族さらに国家が強力な権力をもって個人を支配しており、「主人と奴隷」の関係で国や社会は維持されていたからである。これに対し、パウロはガラテヤの信徒への手紙で「アッバ・父」という新しい関係が神と人の間に生じたことを福音として説いた（ガラテヤ四1−7）。そこから「父と子」の関係こそ人間間の最も親しい関係であって、それがキリストによって実現されたことが力説された。ローマ社会における父権の絶対性を考慮すると、親密な父子関係など一般には考えられなかったが、先に見たように、中世において、愛や女性に対する理解が深まってゆくのであり、ベルナールもまた、人間関係の最深の親密さを「花婿−花嫁」の関係で説くようになった。つまり、神と人間の人格的な一致は、花婿キリストと花嫁である魂との「結合」（coniunctio）によって成立すると考えられ、彼の『**雅歌の説教**』全体にわたってこの思想が展開する。この結合における愛の一致は、人間の魂において実際に経験されるものであり、その意味で、神秘的体験と言えるものであり、その頂点となるのは、神秘的な「拉致」（raptus）という、愛の甘美さのなかで自己が奪い去られる体験である。たとえば『雅歌の説教』の第85説教ではこの体験が次のように語られている。

魂はときに身体的感覚から離脱して分離し、御言葉を感得していても、自己自身を感じていない。このことが生じるのは、精神が御言葉の言い表しえない甘美さによって惹き寄せられ、ある仕方で自分が自分自身から奪い去られ、否むしろ、かつ、脱落されるときである。それは御言葉を享

受するためである。(「雅歌の説教」金子晴勇訳、『キリスト教神秘主義著作集2』教文館、367頁)

このテキストにある「離脱」や「拉致」は神秘主義に特有な経験を表す概念であって、そこには現象学的に見ると次のような三つのプロセスが見いだされる。すなわち神秘的高揚の第一段階は日常経験から離れることで、「離脱」(excessus)と呼ばれる。これは外界に向かっていた意識を内面に転向させる運動である。それに続く第二段階は自己をも超越する運動で、「脱自」(exstasis)と呼ばれる。さらに第三段階は自己が上からの力によって引き上げられる運動で、通常「拉致」(raptus)と呼ばれる状態である。これはパウロが第3の天へ引き上げられた経験(Ⅱコリント一二2—4参照)に等しいといえよう。そのとき、日常世界に埋没した平均的自己からはるかに高みへと引き上げられ、神の愛のうちに引き入れられ、聖なる存在に触れるのである。これが神秘的経験のクライマックスである。

物語5　アベラールの恋愛と思想

つぎにアベラール(Pierre Abelard, 1079 - 1142)を紹介したい。彼はブルターニュのナントの近くで小貴族の子として生まれる。唯名論者**ロスケリーヌス**（Roscelinus, 1050 - 1123/25ca）の教えを受けたのち、シャンポーのギヨームの下で学び、師を失脚させるほどの弁証法（スコラ学的学問方法の一つ）の第一人者となり、**普遍論論争**で有名となる。また、個人指導をしていた才女エロイーズとの恋愛でも有名になった。

いま何処　才抜群のエロイーズ／この女ゆえに宮（窮）せられて　エバイヤアル（アベラール）聖(サン)ドニの僧房　深く籠りたり／かかる苦悩も　維《これ》恋愛の因果也……さはれさはれ　去年《こぞ》の雪　いまは何処。（フランソア・ヴィヨン 1432 - 1464 による）

エロイーズはパリ大聖堂参事会員フュルベールの姪で、抜群の知性と向上心をもつ才媛でありアベラールから個人教育を受けた。その様子は『災厄記』（Historia calamitatum）で次のように描かれている。本は開かれていた。しかし、授業についての言葉より愛の言葉がはるかに多く口をついて出るのであった。格言を教えるよりは接吻のほうがしばしばであった。わたしの手はしばしば書物よりも彼女の胸へゆくのであった。そして疑いをかけられないように、わたしは彼女を鞭打つのだったが、その甘さはこの世のありとあらゆる香料にまさった。それは腹立ちの鞭ではなく愛の鞭、怒りの鞭ではなく情けの鞭だったのだ。

やがてエロイーズは子どもを宿し、パリを離れ、男子を産む。エロイーズは結婚が哲学者としての使命と両立しないゆえに反対したが、アベラールは彼女と結婚することにした。しかし、アベラールは結婚を公にしないことにしたので、不信感をいだいたフュルベールとの関係が悪化し、リンチを受け、性器を切断される。アベラールはサン=ドニ修道院に身を寄せ、『神の単一性と三位一体』『キリスト教神学』『然りと否』『倫理学』『哲学者・ユダヤ人・キリスト教徒の対話』などを著わし、多数の弟子を育てる。『然りと否』では教父から信仰箇条に関する肯定説と否定説とを挙げて弁証法的に真理を探求し、これによってスコラ的方法が大いに推進されることになった。

物語6　フランチェスコ物語

フランチェスコ（Franciscus Assisiensis, 1182 - 1226）はアッシジの富裕な商人の子として生まれ、幸福な青年時代を過ごすが、戦争で捕虜となり、病に罹り、精神的葛藤の末、祈りと清貧生活に献身すべく決心し、一切の所有を捨てて乞食となり、愛と奉仕と救霊の生活に入った。同時に彼は

「小さい兄弟たち」と呼ばれる同志とともにフランチェスコ会を組織し、清貧・貞潔・服従の誓約を守り、教皇インノケンティウス三世によって修道会設立の認可を得た。1224年アルヴェルナ山で聖痕の秘跡を受領する。この出来事はまた「神の像」を体現することを意味した。「神の吟遊詩人」フランチェスコは子どものような快活さ・自由・信心により「キリストの模倣」という理想をもっとも純粋に実現した霊性の人であった。

それは単純さと福音的敬虔を通して教会を復興するようになった行動として実現し、彼が書き残した『公認会則』では次のように説かれた。「貧しさと謙遜において主に仕えるこの世への巡礼者・来訪者として、兄弟たちに信頼をもって施しを求めに行かせなさい」（庄司篤訳『アシジの聖フランシスコの小品集』聖母の騎士社、1988年、246頁参照）。その重要なテーマは、病める貧しい人たち奉仕することによって十字架につけられたキリストを模倣することであった。彼の回心の動機は次のようであった。

主は私・兄弟フランチェスコに次のように悔悛を始めさせてくださいました。私が罪のなかにいたとき、ハンセン病者を見ることは、私にはあまりにもつらく思われました。そこで主御自身は私を彼らのなかに導いてくださったので、私は彼らを憐れみました。そして私が彼らのもとを去ったとき、以前につらく思われていたことが、私にとって魂と肉体の甘美さに変えられました。その後しばらく留まったのち、私はこの世から離れました。（前掲書、287頁）

このハンセン病者を抱擁したことは他者に対する愛の精神として有名な物語となった。ハンセン病者は社会から追放された見捨てられた人たちであった。『**非公認会則**』は次のように命じる。「卑しくて蔑まれている人々のあいだで、また貧しい人々・体の不自由な人々・病人・ハンセン病者・路上で物乞いする人々のあいだで生活するとき、喜ぶべきである」（前掲、庄司訳、238頁）。ここでは「キリストの模倣」によって「**神の似姿**」が完成に向かう点を考えてみたい。この理想と模倣は「貧しいキリスト」においてその実現が求められた。彼は貧困を通してキリストの姿を模倣し、キリストとの一体化を求めた。

伝記によるとフランチェスコは晩年のある日の未明に庵の前で日の出を待って顔を東のほうへ向け、腕を広げ、手を上げて祈った。

「おお、主イエス・キリストよ、死ぬ前に、二つのお恵みをくださるようにお願いします。第一のお恵みは、おお、やさしいイエスよ、あなたが御苦難で耐えぬかれた苦痛を、わたしの心と体でできるだけ感じることです。第二のお恵みは、神の子であるあなたの燃え立つ愛、あなたを駆り立てわたしたち罪びとのために苦しむようにした大いなる愛を、わたしの胸の中でできるだけ感じることです」と。彼は祈っている間に「神がこの二つの願いをききとどけ、人間としてできるだけ、二つのものを感じることを許してくれる、という確信をえた。そして彼はこの約束をうけると、キリストの苦難とキリストの無限の喜びを敬虔に瞑想し始め、信心の炎が激しく彼の胸に燃え上がったので、彼は愛と同情から変えられて全くキリストに化した」と伝えられる。（ヨルゲンセン『アシジの聖フランシスコ』永野藤夫訳、講談社、336―337頁）

この神秘的な経験と生活から彼は「キリストの人間性」、つまり「神の像」を見いだした。有名な「**太陽の讃歌**」の第二節は「神の似姿」をもって次のように太陽を讃える。

私の主よ、あなたは称えられますように、すべてのあなたの造られたものと共に、
わけても兄弟である太陽閣下と共に、
太陽は昼であり、あなたは太陽で私たちを照らされます。
太陽は美しく、偉大な光彩を放って輝き、

いと高いお方よ、太陽はあなたを示しています。（前掲、庄司訳、50頁）

この宇宙的な兄弟愛という概念は預言者的な鋭さを隠している。そこから進んで相互の赦しや和解による平和が称えられる。

私の主よ、あなたは称えられますように、
あなたへの愛のゆえに赦し、
病と苦難を耐え忍ぶ人たちによって。
平和のうちに耐え忍ぶ人たちは幸いです。
いと高いお方よ、その人たちはあなたから
王冠を戴くからです。（前掲、庄司訳、52—53頁）

このような兄弟愛のゆえに被造界は、キリストの和解によって他者が顧みられ、万物の平和が保たれるように祈願された。

［研究1］「貧しいキリスト」を求める意義

ここでは「キリストの模倣」によって「神の似姿」が完成に向かう点を考えてみたい。フランシスコの理想と模倣は「貧しいキリスト」によってその実現が求められた。彼は貧困を通してキリストの姿を模倣し、キリストと一体化している。「こういうことすべてを、わたしたちが、がまん強く、よろこんで耐え抜くとしたら、ほむべき主キリストの御苦しみを思い、ご自身への愛のゆえに苦しみ、あなどり、恥、不便をよろこんで耐えねばならぬと思い続けるならば、おお、そこにこそ完全なよろこびがある」(『聖フランチェスコの小さな花』田辺保訳、教文館、44頁)。この経験と生活から彼は「キリストの人間性」、つまり「神の像」を見いだしている。

キリストとの一体化は聖痕の奇跡において具象化しているので最後にこの点を考察してみたい。そこには「神さまがみ心をもってこの〔セラフィムの〕まぼろしをこのような形でお示しになったのは、聖人が十字架につけられたキリストと同じ形にかえられるのは、肉体の苦しみによってではなく、霊的な燃焼によってであると知らしめるためである」(前掲訳書、240頁)とあって、この奇跡が霊性の力によって起こっていることが告げられている。

物語7　ダンテの神曲物語

ダンテ（Dante Alighieri, 1265 - 1321）はフィレンツェの六人の「行政長官」の一人であった。彼は宗教的知識と霊的生活とのあいだの緊張関係が深刻化しようとする時代のさ中にあって、なお神学と霊性思想との調和を保つことのできた詩人であった。彼は9歳のときベアトリーチェ・ポルティナーリ（Beatrice Portinari, 1266 - 1290）に恋をし、１２９０年の彼女の死が一つの虚脱感を彼のうちに残した。その数年後彼は結婚するが、それでも虚脱と憂愁は満たされず、詩集『**新生**』を書く。ところが１３００年にフィレンツェで政変に遭い、新政権が権力の座に就くと、彼はある党派に身を寄せたが、ほどなくその党派は反対の党派にとって代わられた。このときから彼の亡命と流浪の生活が始まる。失意の内に執筆した『**神曲**』は彼の晩年の作品である。１３２１年、再び生地フィレンツェを見ることなく、死去する。

愛は優しい心にはたちまち燃えあがるものですが、
彼も私の美しい肢体ゆえに愛の檎《とりこ》となりました、
愛された以上愛し返すのが愛の定め、

彼が好きでもう我慢のできぬほど愛は私をとらえ、
御覧のように、いまもなお愛は私を捨てません。
愛は私ども二人を一つの死に導きました。（ダンテ『神曲』平川祐弘訳、講談社、28頁）

この一節は『神曲』「地獄編」におけるパオロとフランチェスカの恋愛を歌ったものであるが、結婚外における至純の愛を説く宮廷的恋愛にも次の二つの点で**霊性思想**の芽生えが認められる。**第1**には「彼は私の美しい肢体ゆえに愛の檎となりました」とあって「擒となる」作用は霊の受容作用から生じる特性である。**第2**に「愛された以上愛し返すのが愛の定め」とあるのは「愛」が本質的には「応答愛」であって、そこに人格的な結合作用があり、これが霊性の機能から起こっていることが示される。だがその愛もここに歌われているように本来的あり方からの頽落《たいらく》現象となっており、これに対しダンテは「ああ可哀想な、いかにも優しい相思の情だ、それなのに彼らはそれがもとでこの悲惨な道へ堕ちてしまった」と嘆き、「哀憐の情に打たれ、私は死ぬかと思う間に、気を失い、死体の倒れるごとく、どうと倒れた」（前掲訳書、28－29頁）と語られる。この点で煉獄篇第26歌でグイド・グィニツェルリーというトゥルバドゥールに「人倫の掟を守らず、獣のように性欲に従った」非を悔いさせ、プロヴァンスの詩人アルナウトに「過去の狂気の沙汰を思い返しますと心は憂いに重く」なると告白させているところを見ると（前掲訳書、319頁）、ダンテは宮廷的恋愛よりもいっそう高貴な霊的な愛を目ざしていたことが知られる。

『神曲』にはこうした霊的探求の足跡が刻まれている。『神曲』は当時のロマンス語の一つであるトスカナ語で書かれており、中世の階層的世界秩序を伝えているといわれているように、**地獄・煉獄・天国の三重構成**（それぞれ33曲と一つの序曲を加えて100の完数を示す）に対応して、欲望による秩序の破壊・愛の清めによる秩序の回復・無私の愛による秩序の賛美が語られており、キリスト教世界秩序に対する愛の一大讃歌となっている。森に迷い込んだダンテは人間理性を象徴するウェルギリウスと神的愛の化身であるベアトリーチェに導かれて罪・苦悩・絶望からなる地獄を通り、信仰による罪の清めである煉獄を経て、神の啓示と愛によって人間が生まれ変わる道程を描く。

この叙述は**ボナヴェントゥラ**の『**神に至る魂の道程**』と同じく神秘的な霊性の超越を物語っている。というのも『神曲』は詩人を、その主要部分を成す三つの段階を通じて、聖なる三位一体の直視に向かって歩ませるのであり、彼はそれを三つの輪の組み合わせという形象の下に表明しているからである。それゆえ『神曲』は霊的登坂を詳細に述べたものではないが、神への還帰の三つの「道」、つまり**浄化（煉獄）・照明（地上楽園）・完成（天国）**を暗示する。これらの諸段階を詩人はウェルギリウス、ベアトリーチェ、ベルナールに導かれて、次々に遍歴する。彼が描いているベルナールは現実の姿にかなり近い。ベルナールは詩人の目には神秘神学を象徴する存在である。ダンテを旅の終局目標に導くにあたって、ウェルギリウスの「理性」だけではもはや充分ではなく、観想という新しい種類の霊的な体験が必要であり、クレルヴォーの修道院長が体現しているのはまさにこの「霊性」にほかならない。

それゆえ煉獄篇第33歌で再会したベアトリーチェは「十字架におもむくわが子を見守るマリアのように変った」とあって、いっそう気高い姿に高まっていくが、それでも「その頬には火のような紅がさしていた」とあるように『新生』の恋愛体験もいまだ息づいている。煉獄から天国に入ると人間の観念の極限を超えて心は高まっていく。だが、その心を動かすのも愛にほかならない。このような点をわたしたちは『神曲』の最終歌から学ぶことができる。

物語7　ベギンのミンネ物語

中世史家R・W・サザーンは『中世における西欧社会と教会』（1970）のなかで、イギリスから大陸を見渡していたマシュー・パリス（Matthew Paris, ca. 1200 - 1259）が『大年代記』でベギンについて書き残した言葉に「ドイツではベギンと自称する数え切れないほどの禁欲を誓った女性の群れが現われ、ケルンだけでも一千人かそれ以上が居住している」とあり、さらにその年代記の抄録でもパリスは「彼女たちは、自らの手労働によりつつましやかな生活を営んでいる」と述べている（『西欧中世の社会と教会』上條敏子訳、八坂書房、369頁）。こうした女性たちの霊性の高まりについて見ておきたい。それはケルンとライン川流域の諸都市だけでなく、ブラバントを含むリエージュ司教区のベギンをも意味していた。女性たちが独立と自由を追い求める運動には、それまでは絶えず異端嫌疑がかけられたが、これは、とくに教義とは関係なく新しい宗教性を求めた運動であった。そのなかで最も分かり易いマクデブルクのメヒティルト（Mechthild von Magdeburg, ca. 1207 - ca. 1282）だけを取りだして女性神秘主義について紹介したい。

マクデブルクのメヒティルトはドイツのマクデブルク大司教区西ミッテルマルクの貴族の家系に生まれ、宮廷風の教育を受けたが、幼い頃より顕著な霊感の特質をもっており、しばしば幻視を体験した。12歳で聖霊の訪《おとな》いを受ける体験をもち、１２３０年に神の呼びかけに答えて両親の家を離れ、マクデブルクのベギン共同体で禁欲生活に入った。後に１２７０年、シトー会のヘルフタ修道院の一員となって、亡くなるまで約10年間をそこで過ごす。そして彼女が12歳のときから受けてきた神秘的恩寵を低地ドイツ語で語ったのが、『**神性の流れる光**』（Das fliessend Licht der

Gottheit）である。彼女の教養は広く、聖書やディオニュシオス・アレオパギテース、また新プラトン主義的な光の形而上学の諸説を修得して、自己の神秘思想を形成した。

この著作では詩と散文の短編が替わり代わり現れるかたちで神秘体験が語られ、神と魂、Dame Ame（魂夫人）とDame Amour（愛夫人）との対話がアレゴリカルな形象のもとに交わされる。「彼女の魂の青春は神の人性の花嫁であった、だが老年は神の神性の妻である」（「神性の流れる光」第7巻第3章『キリスト教神秘主義著作集 4巻I』「女性神秘主義(1)」植田兼義訳、教文館、259頁）とあるように、魂と神との相聞歌ないしは愛の対話が展開する。それは旧約聖書の「雅歌」やミンネザング（Minnesang）に発する霊的な愛の抒情詩となっている。

彼女はその思想を神から直接啓示された知として自由に、かつ直観的に、自分に授けられた幻視そのものと一体化して、豊かな詩的表現へと結晶させた。彼女の花嫁−神秘主義の特質は「ミンネ」（ドイツ語で愛のこと）を神として対話的に語るところにある。

ミンネと王妃との対話

魂がミンネ〔つまり、神〕のもとに来て、恭しく挨拶して言った。「ミンネさま、今日は、ご機嫌はいかがですか」。

〔ミンネ〕「王妃よ、あなたもいかがですか、お恵みがありますように」。
〔魂〕「ミンネさま、あなたのような完全な方にお会いして嬉しく存じます」。
〔ミンネ〕「王妃よ、わたしはすべてのものを支配しているのです」。
〔魂〕「ミンネさま、聖なる三位一体がせかされて、慎ましい処女マリアの胎内に流れ込むまで、あなたは長い年月お苦しみになりました」。
〔ミンネ〕「王妃よ、それこそあなたの栄誉と喜びです」。
〔魂〕「ミンネさま、あなたはわたしのもとへ来て、わたしがこの地上で得たすべてのものをわたしから奪ってしまったのです」。
〔ミンネ〕「王妃よ、あなたは幸福な交換をしたのです」。（前掲訳書、12頁）

このような神との神秘的な関係は神がすべての被造物に本性的に授けたものである。「幸福な交換」というのは花婿と花嫁との間に交わされるもので、ベルナールの始まる花嫁神秘主義の伝統的な用語である。このように人はその本性にふさわしく生きることが要請され、その上で花婿と花嫁の関係が説かれた。「わたしはすべてのものから離れて神のもとへ行かねばならない。神は、本性上わたしの父であり、人間性によれば兄弟で、愛によりわたしの花婿である。わたしは

〔先在的に〕彼の花嫁である」。そこで「愛されるものがもっとも愛するものの汚れのない神性の不可視の部屋に入って行く。そこで、魂は愛の臥所、小部屋を、神により超人間的に用意されているのに気づく」（前掲訳書、36－37頁）のであるが、花婿と花嫁の対話がこう続く。

わたしたちの主は、「留まりなさい、魂よ」と言った。魂は、「主よ、何をお命じになるのですか」と尋ねた。神は、「あなたはすべてを捨てなさい」と言った。魂は、「主よ、どうしてそんなことができましょうか」と言った。神は、「魂よ、あなたはわたしのうちへ本性的に造られ〔一致し〕ているから、わたしとあなたの間にはいかなるものも入らない。……それゆえ、あなたから畏れや恥ずかしさ、いっさいの外的な徳を脱ぎ捨てなさい。ただ、あなたのうちに本性的に抱くものだけを、永遠に行なうようにする〔のを望む〕がよい。それがあなたの高貴な切なる望みであり、根底のない願望である。これをわたしは永遠にわたしの果てしのない憐れみで満たしたい」と言った。魂は、「主よ、今、わたしは裸の魂です。それなのに、あなたはご自身で豊かに着飾った神です。わたしたち二人の間柄は不死なる永遠の生です」と言った。そこに、二人の意志により、至福の静けさが訪れる。神はご自身を魂に与え、魂は神に自己を捧げる」。（前掲訳書、同頁）

ここで「根底のない願望」とは「底知れない願望」か「なぜなしの願望」を意味する。そこには身体の合一を思わせる写実的描写で対話が交わされる。したがって引用文「あなたはすべてを捨てなさい」は「汝自身を脱ぎ棄てよ」と訳すことができる（『キリスト教神秘思想史2　中世の霊性』平凡社、558頁）。このような対話で神は魂に「汝は私の本性と一体になったために、汝と私のあいだには何ものも残ってはならない」と宣言する。それに対し魂はすべての恐れ、すべての恥じらい、すべての外面的な徳を徹底的に放棄する。この種の神秘的な合一においては、神と魂とのあいだの一切の遮蔽物は消失するというのがその核心にほかならない。そして、この花婿と花嫁との関係は他者に向かって献身的に奉仕する愛の任務の実践となる。

物語8　ジェルソンの神秘神学と『薔薇《ば》《ら》物語』

ジェルソン（Gerson, 1363 - 1429）はアルデンヌ地方のジェルソン・レ・バルビに生まれ、1377年パリ大学に入学、1392年神学部の教授資格を獲得し、ピエール・ダイイの後継者としてパリ大学総長に就任、死ぬまでその職にあった。彼は**コンスタンツ公会議**（1414–18年）でフスを断罪し、ジャンヌ・ダルクを擁護し、教会の改革と道徳的刷新を提案し、この時代に大きな影響を与えたが、それでも本質において神秘主義的な思想家であった。

この時代の神秘主義はときに熱意が高じて狂信的になったり、異端に傾いたり、官能的に走ったりして、正統的なカトリックの教義を逸脱することが多かった。不信と狂信との間にあって民衆は中庸の道にとどまることができなかった。ジェルソン自身も宗教に飽和した風土にあって宗教行事や聖者崇拝から自由ではなかった。たとえば好奇心に駆られて聖ヨセフの崇拝に走ったりしていた。とはいえ同様に当時高名であった**ハインリヒ・ゾイゼ**にせよ、また**リュースベルク**にせよ、ときにそうした傾向に過度に走ったとき、ジェルソンは批判せざるを得なかった。彼はフランドル地方に始まった共同生活兄弟会の「新しい敬虔」(devotio moderna)の運動を擁護することによって極端な神秘主義と絶縁し、異端に迷い込む危険を回避し、正統信仰を堅持し、教会に従順であった。

繊細な精神のゆえに神秘主義の傾向を生来もってはいても、彼は醒めた精神の持ち主であり、迷妄に囚われない自由な精神であった。このことは神秘主義の理解においても明瞭であって、当時の官能的な愛欲生活を謳歌した『**薔薇**《ば ら》**物語**』に対する彼の激烈な批判にとくに顕著に示される。先に見たように、この著作は、赤裸々な官能性とシニックな嘲笑をもって結婚や修道生活を謳歌する。一見すると、12世紀に由来する宮廷風の愛が物語られているようでも、13世紀後半に登場したこの作品では、実際のところは、女性崇拝どころか、女性をおとしめる冷酷な軽蔑にまで堕落していた。それと同時に、この作品は、愛を官能的な性格によって示し、人々の心を性愛の神秘主義によって満たした。こうした時代の変化のなかで進行する道徳的腐敗、霊性の退化に対して闘い続けたジェルソンはこれを批判する論文を書き、時代の最深の病根を剔出《てきしゅつ》した。このような批判的観点から学問的な『神秘神学』がもっている真の意味が明らかになると思われる。

『神秘神学』は1400年頃ブリュージュで書かれた。思弁神学と神秘神学との関係が説かれ、前者は真なるものに到達する純理論的な力に依拠し、後者は善を対象とする情感的な力に依拠している。すべての認識は愛と混じり合っているかぎり、実践は常に理論に裏づけられたものでなければならない。観想における合一の状態は神の賜物であるが、すべての者に授けられるわけではなく、そのためには前提となるある種の生活条件と気質に由来する態度が前もって必要である。この著作の中で、精神の新生をめざしてその途上にある悔悛者に対して、次のように呼びかけられる。

しかし精神が清められて晴れやかな良心にまで達するとき、神をもはや報酬や罰を与える裁判官とは考えないで……全く望ましく甘美なお方であると心に思うようになる。……そのとき花婿に抱擁されるため、安心して彼の内に飛び込みなさい。……すべての知覚を超える敬虔な平和の口づけをもって彼に結びつきなさい。こうしてあなたは感謝と愛に満ちた献身のうちに「恋しいあの人はわたしのもの、わたしはあの人のもの」（雅歌二16）と繰り返し語るであろう。
（De mystica theologia, Tractatus secundus practicus, cons.12, ed. Andre Combes, Lugano 1958, p.216）

彼はここに神秘主義の浄罪の道にしたがう精神の清めを説いた。ここでの花嫁は心や魂のみならず、同時に教会をも意味しているがゆえに、このテキストは教会改革を悔い改めと道徳的な清めによって強化しようとする意図をもっていると理解することができる。ところで合一の根拠としてあげられている「類似性」については次のように語られている。

霊的なものは諸々の霊的なものとのある種の類同性つまり類似性をもち、相互に仕え、物体的なものとか地上的なものとは等しくないものとなっている。したがって人間の中に霊的なもの、もしくは神的なものとして見出されるすべてのものは、生かす愛によって地上的で物体的なものからある仕方で分けられる。（op. cit., Tractatus primus speculativus, cons. 41, p. 111）

ここから人間学的な区分がなされ、「霊」(spiritus)と「魂」(anima)が、また「霊性」(spiritualitas)・「心性」(animalitas)・「感性」(sensualitas)が区別される。この区別を前提として愛が合一をもたらすと考えられている。それゆえ愛は地上的で物体的な汚れと罪とを洗い清めて初めて神との合一を実現できる。したがって次のように語られている。「神が霊であり、類似が合一の原因であるがゆえに、清められ洗われた理性的な霊がどうして神の霊と合一するかは明らかである。なぜなら、神に似たものにされることは確かであるから」(Ibid.)。ここにジェルソンの神秘的霊性思想の基本的な特質が鮮明に示されている。

Ⅶ　ルネサンスと宗教改革

転換期の特質

　宗教改革者たちが直面した時代は社会が多くの問題を抱えていた歴史の転換期であった。それまで比較的安定していた社会に、政治的、経済的に大きな変動が生じ、人々の生活基盤も揺るがされ、人間の精神的生活も至るところで危機的様相を帯びてくるようになった。たとえば、ルターが内心の危機に見舞われて修道院に入った頃、画家のグリューネヴァルト（Matthias Grünewald, 1470/1475 - 1528）は祭壇画で有名なキリスト磔刑の像を描いており、同じく画家のデューラー（Albrecht Dürer, 1471 - 1528）は「メランコリア」（次頁上）と「騎士と死と悪魔」（次頁下）を描いていた。この三人は、同じ時代のなかで、人間精神の危機を深く受けとめながら、宗教の可能性を新たに探索しようとしていた。

宗教改革の思想は、ごく簡単に言えば、エラスムスから発し、ルターに受け継がれ、カルヴァンで完成された。しかし、この思想の流れは、転換期に特有の政治的混乱や社会不安を背景としてみれば、そうした同時代の暗く深い泥沼のなかに咲いた美しい花のように浮かび上がる。確かに、ルターに始まる宗教改革の運動は、同時期に巻き起こった、神学上の教義論争、教会制度刷新の要求、道徳的退廃への批判などに起因していると言える。しかし、それらは、その奥にある、人間の精神的危機を映し出した屈折現象にすぎない。そして、その宗教改革の精神性は、ヨーロッパの近代が始まる創造的な精神に満ち溢れたルネサンス時代によって培われたものであった。したがって、ここでは、まず、イタリア・ルネサンスの代表的思想家、ペトラルカについて見ておきたい。

物語1　ペトラルカの懊悩物語

ペトラルカ（Francesco Petrarca, 1304 - 1374）はダンテに続く世代を代表する桂冠詩人である。俗語詩に熱中したボローニア遊学時代にダンテから大きな影響を受け、ロマンス語の一つであるイタリア語をラテン古典詩の高みに導いた。また、俗語詩を研究し、ダンテのみならずトゥルバドゥールの宮廷的恋愛にも深くかかわっていく。父の訃報に接しボローニアを去ってアヴィニョンに帰って一年後、聖クララ教会堂で偶然にフランス生まれの美しい人妻ラウラと邂逅した。この女性が彼にとり久遠の女性となった。その日は受難節であったのに忘れがたい運命の日ともなったのである。

その創造主の受難をいたみ
陽の光さえいろあせた日
はからずも私はとりこになった。
げに恋人よ、美しいきみのひとみにしばられて。（近藤常一『ペトラルカ研究』創文社、67頁参照）

ペトラルカは、こうして、恋人ラウラとの出会いによって、ロマンティックな愛の詩人ともなっていった。教父アウグスティヌスとの対話篇として構成された『わが秘密』(わが心の秘めたる戦いについて)の中で彼はラウラにより受けた体験をこう記している。

この胸に自然が宿してくれたささやかな美徳の種子を、彼女がたぐいなく高貴な心情で、はぐくみ育ててくれなかったなら、このわたしは、たとえささやかなものにもせよ現在の名声や名誉を得ることは決してできなかったでしょう。彼女はわたしの若い魂を、あらゆる汚濁から呼びもどし、いわば鉤でひきよせて、高きをめざすようにと駆りたててくれたのです。じっさい、どうしてわたしが、恋人の生きざまにしたがって変貌せずにいられたでしょう。

(ペトラルカ『わが秘密』近藤恒一訳、岩波文庫、175頁)

ところが、ラウラとの出会いはペトラルカにとって詩作の源泉となる一方で、同時に、深い罪責感をも生みだしていく。実際、この作品に登場する対話者アウグスティヌスは彼女がペトラルカを俗事から救ったとしても、それよりもいっそう大きな悩みに追いこんでいることを指摘する。つまり、ラウラは「小さな傷をなおしておきながら、致命的な傷を喉に負わせる人」（同178頁）といわねばならないというのである。ペトラルカは、ラウラをこの世で最も美しい被造物として讃えたが、アウグスティヌスは、被造物への愛によって、創造主自身への愛がないがしろにされていると指摘する。これに対し、肉体ではなく心の美に引きつけられてきたペトラルカが弁明しても、「魂のあらゆる情念、とりわけこの情念に生じることだが、些細な火の粉がもとで大火事になることがよくあるものだ」（同181―182頁）とはねつけられてしまう。アウグスティヌスは、真実の神が忘れられ、現世的な「愛」（アモル）が神のように扱われている世情を批判し、とりわけ恋人たちの間で燃え立つ情念は、相互に刺激しあうことでかきたてられるばかりであり、キケロの言うように「あらゆる情念のうちで、たしかに愛ほど激しいものはない」（同190頁）のだから、人に対する愛に先立って心が神への愛に向かい、正しい秩序にしたがってこの世を愛さなければいけないと説く。それゆえダンテがパオロとフランチェスカの純愛に対して感じたこと（『神曲』の地獄編でダンテは二人が愛の情念に身を任せた罰を受けているのを目撃する）を、ペトラルカはラウラへの愛において親しく経験していることになる。この純愛（人妻との不倫）はトゥルバドゥールでは大いに讃美されたことであろうが、ペトラルカでは大きな悩みとなっている。そして愛すべきでない人を愛さざるをえないという矛盾に陥っているそのその苦衷は『ヴァントゥー山登坂』で次のように語られている。

かつて愛するのがつねであったことを、わたしはもはや愛さない。わたしはうそをついている。それを愛しはするのだが、より控え目に。ほら、またわたしはうそをついた。それを愛しはするけれども、より恥じらいながら、より悲しみながら。今やとうとうわたしは本当のことを言った。……わたしは愛する、だが心ならずも、強いられて、悲しみにみちて、嘆きながら。そしてわたしはあわれにも、あのきわめて有名な〔オウィディウスの〕詩句の意味を自分自身の中に経験しているのである。

　できることなら憎みたい。
それがかなわぬとあれば、
心ならずも愛するだろう

（ペトラルカ『ヴァントゥー山登坂』佐藤三夫訳、『ルネサンスの人間論』有信堂、20頁）

このような嘆息と涙と憂愁をこめて懊悩をたたえたペトラルカの俗語詩の傑作『**カンツォニエーレ**』が生まれてくる。ソネットは恋人ラウラへの心情を猛禽、夜鳥、蛾にたくして次のように歌っている。

この地上には、まともに太陽に立ち向かう
険しい眼じりの動物がおり、
また　明るい光が苦になって
日の暮れに　やっと外に行くもの動物がおり

愚かにも火中の戯れを恋うあまり
光を慕って　火性の別の威力を　すべて
焼きつくす力を　知らされるものもいる、
ああ哀れ！　わが身はそのしま終いの群にあり。

かの女性の耀《かがや》きを見つめるほどの
勇者にはあらず、暗やみや　夜ふけを
待って　隠れもできず、

病む人のごとく涙ぐみ、運命の導くままに
かの光を慕う、おのが身を焼く女《ひと》の
後追うと　知りつつも。

（ペトラルカ『カンツォニーレ全詩集』池田廉訳、名古屋大学出版、180頁）

ペトラルカはこのような矛盾にみちた愛をカンツォニエーレで哀愁をこめて歌っている。ラウラの姿はその死後しだいに高まり永遠にして不滅の相を帯びてくるが、それでも官能の響きは色濃く残っている。哀歓をこめて歌われたラウラへの愛は、純愛を夢見る幻想の高まりを示すロマンティックな愛の形態をよく表わしている。たしかに、ダンテのベアトリーチェと同じくラウラも実在の人物ではなく、愛を象徴する女性像であるとする説も今日有力であるが、実在性を疑われるほどに女性像が崇高な姿に高まってゆくところに、この愛の幻想的な特質がますます発揮されているのではないだろうか。

物語2　ピコ・デッラ・ミランドラと人間の尊厳

ルネサンスにおける人間の尊厳の主題の最も有名な表現は、1486年のピコ（Giovanni Pico della Mirandola, 1463 - 1494）の『人間の尊厳についての演説』（Oratio de hominis dignitate）であり、この演説は、彼がローマで支持しようとして提出した「九百の命題」についての公開討論における序説となる演説として書かれた。ピコはこの学説に独得のドラマティックで修辞学的な先鋭さと鮮明さを付与し、それを補強するために、歴史、宗教、魔術、思想などのさまざまな伝統に見られる神にいたろうとする人間の努力を広範にわたって跡付けた。

『演説』の初めに、ピコは人間の尊厳を出発点としておき、人間とその特殊な性格の位置づけを説明するために、彼は創造の瞬間を叙述する。全宇宙の創造を終えた神は世界の諸根拠について省察し、その美を愛し、その雄大さを感嘆することのできる存在をつけ加えることを決心し、このようにして人間の創造に身を捧げられた。創造者は彼にあらゆる種類の生命の萌芽をあたえた。彼によって展開された可能性に応じて、人間は植物・動物・天の存在・天使となりうるし、あるいはまた神自身との合致にまで自分を高めることもできる。このため人間は自分自身の中にあらゆる可能性をもっている。こうして彼の課題は生命のより低い諸段階を乗り越えて、神へと自分を高めるという課題である。それゆえ神はアダムに向かって次のように語った。

汝はいかなる制約によって抑制もされないで、わたしが汝をその手中においた汝の意志決定にしたがって限定された自然本性を自己に対して決定するだろう。わたしは世界の真中に汝をおいた、それは世界の中にあるすべてのものをそこからいっそう容易に考察するためである。わたしは汝を天のものとも地のものとも、死すべきものとも、不死なるものとも、創らなかった。それは汝が自由で名誉ある造り主また形成者のように、自分が選んだどのような形にでも汝自身を造りだすためである。汝は堕ちて獣の世界である低次のものとなることも、神的なものである高次のものに自分の心の判断により再生されることもできる。

（「人間の尊厳についての演説」佐藤三夫訳、『ルネサンスの人間論』有信堂、222頁）

これに続けて「おお、父なる神のこの上なき寛大さよ。人間のこの上なき、驚嘆すべき幸福よ。人間には自分が選ぶものを所有し、自分が欲するものとなることが許されている」と述べられる。ここに自己の最大の可能性に向かって決断できる人間の尊厳が説かれた。

自由と恩恵　この有名な章句はすこし注釈が必要である。なぜなら、それは、人間に無制限な自由を肯定し、恩寵や救済予定についてのキリスト教の教義を否定すると解釈された経緯があるからである。こうした解釈は適切ではない。なぜならピコはキリスト教の教義を決して否定しないからである。検討された章句においてさえ、わたしたちは有意義な細部をなおざりにしてはならない。すなわち、人間の自由についてしばしば引用された言葉は、神からアダムへ彼の創造の瞬間に、したがって堕落以前に語られたものである。そこで、この事実を強調して、ピコは堕落以前の人間の尊厳について語っているのだと主張することはできよう。たしかに、彼は、堕落と原罪がどの点まで人間の尊厳に影響したのかを、ある仕方で不確定なままにしている。しかし、ピコの考えは、原罪の状態における人間が、彼自身の本性によって彼に与えられているものの中で最良の選択をなし遂げるためには、神的な恩寵の助けを必要としているという意見を排除するものではない。

最高の可能性の選択　また、多くの可能性の間で自分の本性を選択するという人間の自由についての彼の主張は、すべての選択が同様に善であって望ましいものであるということを意味しない。反対に、これらの可能性の間には明らかな順序や序列がある。そして彼に近づきうる生の最高の形式を選ぶことは、人間の課題であり義務である。人間の尊厳は彼の選択の自由の中にある。なぜなら彼に開かれているさまざまな可能性は、最高の可能性を含んでいるからである。それゆえ彼の尊厳は、最高の可能性が選択される時にのみ十分に実現される。

父なる神の最もあわれみ深い寛大さをわたしたちが誤用して、神が授けたもうた自由選択をわたしたちにとり有益なものから有害なものとなすことがないように。またわたしたちがつまらぬものに満足しないで、最高のものに向かって燃えあがり、(意志すれば可能なのだから)全力をあげてそれに達しようと努めるべく、聖なる大望が心に襲いかかるように。(前掲訳書、207頁)

ピコの思想の神学的基礎を度外視して、人間の無制限な自由にかんする彼の世俗的な強調点だけをひろいあつめたとしても、やはり、ピコは、人間の本性や人間の選択だけで、人間の尊厳が高められるとは考えていない。むしろピコの思想は道徳的および知的な二者択一の見地から展開される。人間の尊厳の卓越性が実現されるのは、彼にあたえられた道徳的および知的な生の最高形式を選択するときにのみである。

また、そうした卓越性が彼の本性に属するのは、この本性がその可能性の中に現世を超えた生の最高形式を含むという意味においてのみである。この魂の無限な追求と努力のなかにルネサンスに起こった**近代的生命**がはっきりと姿をあらわしている。現世を超えてどこまでも上昇しようとする魂の運動こそ近代的主体性の根源であり、一方において神性の意識を生みだし、他方において自律的な自由意志を確立してゆく。

物語3　エラスムスの『痴愚神礼賛』

エラスムス（Desiderius Erasmus, 1466 - 1536）の不朽の名作『**痴愚神礼讃**』は阿呆《あほ》もののジャンルに入る痴愚を主題とする著作で、エラスムスもこの流行の主題に取り組み、当代社会の矛盾と幻想を批判した。初版は1511年に出され、多くの加筆を挿入した完成版は1514年にスイスのフローベン社から出版された。この完成版には、第2部と第3部に重要な変更が加えられた。第2部でエラスムスは、構成上の釣り合いのことは考慮せずに、神学者と修道士についての部分を拡大した。第3部にも長い付加部分があるが、ここでは改訂はもっと巧みになされた。新しい部分はすべて教会や高位聖職者、特に神学者や説教者に関係しており、この作品はこの版で初めて作品の意図の焦点が絞られたことになる。

この作品は堂々たる格調の高い文章で綴られており、ホメロス、プラトン、ウェルギリウス、ホラティウス、プリニウスなどの古典作家たちからの引用句に満たされている。そのため完成版ではエラスムス自身も加わって解説と出典箇所が示された。彼はこれらの文献から古代人の知恵の精髄を摘出し、時代の精神を諷刺しながら批判し、決して饒舌でなく、人生の豊かさを適正、流麗、軽快、明朗に描きだした。

この作品には自由奔放な空想が古典的厳しい形式と自制によって、全体としてルネサンス的表現の心髄をなしている調和の完璧な姿を表わしている。彼はこの書物の中でわたしたちの人生と社会には痴愚が不可欠であって、これを痴愚神の自己礼讃の愚かさを通して語る。痴愚と思われていることが実は智であり、智が逆に痴愚である。真の知恵は健康な痴愚の中に認められ、うぬぼれた知恵は死にいたる疾病である。このことが二つながらに説かれた。

エラスムスは痴愚を**痴愚神**（**痴愚の女神**）への礼賛として具象化して、ユーモラスな寓話として構成しながら、3種類の痴愚、つまり「**健康な痴愚**」、「**純粋な痴愚**」、「**宗教的な痴愚**」について語る。ここでは健康な痴愚についてだけ紹介したい。それは人生と社会にとり不可欠な要素であるとエラスムスは語りだす。エラスムスによれば、人生は痴愚を演じるお芝居であり、人生に老いが迫るとき、その人生喜劇のそれぞれが演じている仮面が剥がれてしまうので、老いは人生喜劇の舞台から排除されていると指摘する。

役者が舞台に出てきて、その役を演じていますときに、だれかが役者の被っていた仮面をむしり取って、その素顔をお客さんたちに見せようとしますよ。こんなことをする男はお芝居全体をめちゃめちゃにすることにはならないでしょうか。また、こういう乱暴者は、石を投げられ劇場から追い出されるのが当然ではありませすまいか。……幻想が破り去られてしまうと、お芝居全体がひっくりかえされます。いろいろな扮装や化粧こそが、まさに、われわれの目をくらましていたからです。人生にしても同じこと、めいめいが仮面を被って、舞台監督に舞台から引っこませられるまでは自分の役割を演じているお芝居以外のなにものでしょうか。そのうち舞台監督は、同じ役者に、じつにいろいろ雑多な役をやらせますから、王様の緋の衣をまとった人間が奴隷のぼろを着て、また出てまいりますね。あらゆる場合が、要するに仮装だけなのでして、人生というお芝居も、これと違った演じられかたはいたしませんよ。

（「痴愚神礼賛」渡辺一夫、二宮敬訳『世界の名著　エラスムス／トマス・モア』94頁）

この人生劇場のなかで痴愚は多種多様な姿で人間に愚人の役を演じさせる。このように述べてエラスムスは**痴愚神**に自分の存在理由をつぎのように語らせている。

要するにこのわたしがいなかったら、どんな集まりもなく、どんな楽しく安定した結縁もありません。皆がお互いに幻を作り合うこともせず、お互い同志のペテンや追従もなく、賢明にも目をつぶるというようなこともなく、結局のところ、痴愚の蜜をやりとりしてお互いにまるめ合うことがなかったとしたら、人民はその領主様を、下男はそのご主人を、侍女はその奥方を、生徒はその先生を、友人はその友人を、妻はその夫を、使用人はその雇い主を、同僚はその同僚を、主人はそのお客を、そう長いあいだがまんしていられるものではありますまい。

（前掲訳書、83頁）

このような**痴愚の女神**に支配され、瞞《だま》されることは不幸であると哲学者は言うが、この抗議に対し、誤まるのは「人間らしい人間」であり、「あるがままの人間でいて不幸なことはなにもありますまい。……なぜなら、痴愚は人間の本性にぴったり合っているからですよ」（前掲訳書、100頁）とエラスムスは反論している。しかし、彼は愚かさという人間の限界をとび越えて、人間であることを忘れて、至高の神々に成り上ろうとしたり、学芸を武器にして自然に挑戦する「純粋な痴愚」に対し、諷刺するのみならず直接非難する。

また同時に、痴愚の妹分たる「自惚《うぬぼ》れ」が人間の行動を推進する力になっていると説く。「自惚れという人生の塩を除き去ってごらんなさい。演説家は弁舌をふるっているうちに熱がさめてきますし、音楽家の奏でる調べは退屈になってきますし、役者の演技はやじり倒されます。……他人の喝采を博したいなら、めいめいがいい気になって自惚れ、自分がまっ先になって自分に喝采を送ることが肝心要、どうしても必要なことなのですよ」（前掲訳書84頁）。『痴愚神礼賛』は、神学者、修道士、司教、枢機卿、教皇、また君主と廷臣への辛辣な批判を含んでいるが、露骨な冒瀆と不敬におちいらず、軽い喜劇の筆致で、たくみな詭弁の綱渡りをしている点、さすがに無類の芸術作品であるといえよう。

物語4　ルター劇詩「神とサタンとの闘争」

宗教改革時代のドイツの画家アルブレヒト・デューラーの「騎士と死と悪魔」（213頁図版参照）に描かれた悪魔は真に貧弱でみすぼらしい姿をしている。他方、同時代のグリューネヴァルトの悪魔は激しくキリストに襲いかかっている。ルターにおいては、神も悪魔（サタン）も人間を激しく攻撃し、人間は、その支配下に立って受け身的になっている。プラトンの『パイドロス』で描かれた人間の魂の三分説では理性（ロゴス）が騎乗者で、欲望と気概という二頭の馬の御者として描かれていたが、ルターでは、神や悪魔が騎士や騎乗者となり、互いに競い合って、人間という馬の御者となろうとしていると言える。

人間の意志は〔神とサタンの〕両者の間にいわば荷役獣のように置かれている。もし神が占拠するなら、それは神が欲するところへ欲し、かつ、行くのである。……もしサタンが占拠すれば、サタンが欲するところへ欲し、かつ、行くのである。いずれの騎乗者のところに馳せ、彼を獲得するかは自分の選択力にはない。むしろ騎乗者たちの方が、いずれがこれを捉え、所有するかとせり合っている。（Luther, WA. 18, 635 = CL3, 126, 23-28）

神と悪魔が、人間の権能を超えたところで争い合って、人間の心に自分の支配権を確立しようと戦っている。神と悪魔の力は人間の理解を超えた実在、つまり、人間の感覚認識を超えた形而上学的存在であり、また、そこに善悪二元論的な構図もうかがわれる。だが、ルターは、アウグスティヌスが対決したマニ教徒のように、形而上学的な思弁において二元論をもてあそんでいるのではない。ルターにとって、神と悪魔の対立は、現実生活において経験されるものであり、人間が神とサタンとのいずれかの支配に服している存在であって、いずれに付くかを決定できる自由を人間はもっていない、ということは、現実生活の経験を通じて受けとられている。

この宿命的とも見える二元論的思想を支えている根本経験は、この歴史的世界に生きる**人間の良心の経験**である。**良心**は神とサタンとが覇権を確立しようと抗争する戦場である。元来、良心は繊細な感受性をもっているので、自己に働きかける力の影響を受けやすく、それによって圧倒される傾向がある。神の恩恵の下に立つと良心は慰められ喜ばしいものとなり、サタンの下に立つと良心自身が一つの悪魔と化し、自己を激しく告発し、地獄をつくりだす。後者の状態がルターのいう「悪魔の試練」であり、彼はこうしたサタンや悪魔の化身が現実の世界に跳梁《ちょうりょう》するのを見てとり、悪霊に憑かれた人たちの行動にプロテストし、たとえば教皇に対し「アンチ・クリスト」なる激烈な表現をもって反撃に転じた。

彼が鋭い良心の人であったことは青年時代から「試練と葛藤」に巻き込まれていたことからも明らかである。彼は言う、「そこでわたしは、〈お前のほかには誰もそのような試練と葛藤（tentatio und Anfechtung）をもっていないのだ〉と考えた。そのときわたしは死骸のようになった。このようにわたしが悲嘆に打ち沈んでいたので、ついにシュタウピッツ博士が食事のとき、わたしのところにきて語った。〈兄弟マルティンよ、あなたはどうしてそんなに悲嘆するのか〉と」(WA. TR. 1, 122)。

これはルターとその師シュタウピッツとの会話の一節である。その中には憂愁と悲嘆にくれたルターの姿が示されており、彼がこういう情念に圧倒されていたため、シュタウピッツに救いを求めたのであった。彼によるとこの種の悲嘆は「戦慄する恐ろしい想念」であって、『**ガラテヤ書講解**』には、「わたしは修道士の境遇にいっそう深く入っていって狂気・妄想・精神錯乱にいたるまでになった」(WA. 40 I, 134)と記されている。

このような憂愁と悲嘆が過度に高まると、悪魔との闘争がはじまる。彼にとって悪魔は「憂愁の霊」(Geist der Schwermut)と言われるように、人間が犯した小さな罪から途方もなく大きな地獄をつくりだし、憂愁と悲嘆の淵に人を沈めてしまう。こうして絶望へと人間を追いやるのが悪魔的試練である。「悪魔は困窮せる良心を過度の悲嘆によって死にいたらせようとする」(WA. 40 I, 320, 19)。それゆえ、「悪魔は罪を法外に大きくしうる能力をもっているので、悪魔と苦闘する人は、自分がすっかりいらだちのなかに沈められているように思え、神の怒りと絶望のほか何も感じないようになるほどであるが、このことが、試練にあっている人を不安がらせるべきではない。

ここでは自分の気分に決して従ってはいけない」(WA. 40 II, 98, 31-34)とある。

ルターにとって悪魔は人間の外部から人間の心を襲撃して絶望に駆り立てる生ける力であり、良心を「過度の悲嘆」で死に至らせ、さらにキリストの姿に変装して、神からの救いと慰めを奪い去り、罪を過大視して良心を苦悩の底に沈める。憂愁の試練において良心は孤独のうちに呻いており、もはや言葉に表わし得ない実存の問いそのものとなる。この憂愁の試練は人間を破滅させる恐ろしいものであるが、それ自体で何らかの意義をもっているのではない。悪魔の攻撃によって破滅に瀕している人が、もはや自分の力で立てなくなる、その経験を通して、ただ神の恩恵に対する信仰によってのみ生きるとの自覚に到達するときに、その信仰のゆえに、試練にも意義があるのである。「人間が今やこのように破滅し、人間のすべての力、わざ、存在において無となり、一人の悲惨な、呪われた、棄てられた罪人にほかならなくなるとき、神の援けと力とが到来する」(WA.1, 160,15-17)。

それゆえ試練の只中において人は恵みの神と出会うことが可能となる。試練にあって初めて神に対する受け身的な態度をもつことができる。それは神の本性と密接に関係している。神は創造の神であるがゆえに、無から有を創造する。それゆえ神と人間との関係は、神がすべてを授け、人間は信仰によってすべてを受けとる、**授受の関係**であることが知られる。実際、無とされ破滅した「心は神に何も与えず、ただ神から受け取るだけである。神がまことに神となるために、神はそのような関係をもとうとされる。なぜなら、神にふさわしいことは受け取るのではなく授与することであるから」(ibid., 193,30-32)。ここに**霊性の受容作用**が語られる。それゆえ憂愁の試練に陥った人は、試練に耐えるだけではなく、キリストを信仰によって捉え、キリストとの交わりの共同にとどまることによって孤独な生活から離れることができる。こうした神とサタンの競演するドラマが、ルター自身の良心の経験にもとづいて語られているのである。

Ⅷ　近代思想とキリスト教

近代思想とは何か

「古典の源泉に帰れ」と呼びかけたルネサンス以降、古代と近代のあいだの中間の時代をさして「中世」と呼ぶようになった。近代思想は、中世キリスト教の内から次第に成熟したもののうえに、ルネサンスと宗教改革の時代を経て形成され、やがて自己の生みの親に対し反逆していった。そのため、近代思想は、ルネサンスと宗教改革という近代の初期から起こってきた近代的人間像の基礎の上に築かれており、18世紀の啓蒙時代にいたって全面的に開花したが、キリスト教と近代思想との関係には、後に考察するような複雑な二重構造が認められるのである。

ここでは、まず、近代的人間像の中核を形成しているものは何か、それを担った人間と社会はどのように生じたのか、と問うてみたい。そのために、この時代に共通している人間像の特質をいくつか挙げておきたい。

（1）フマニタスの理念　フマニタス(humanitas)はもともとギリシア語のパイデイア(paideia)のラテン語への訳語であったため、「教養」の意味とそれに基づく「人間性」の意味とをもっている。ギリシア・ラテンの古典文学の教師や学徒は当時フマニスタと呼ばれ、古典の文芸や哲学の再興によって明瞭な思考に立つ、円満な教養・調和・協力・平和の愛好精神が倫理の理想として説かれた。

（2）「人間の尊厳」という主題　人間性の完成は人間の堕落していない神聖な原型に求められ、最終的には神に似た尊厳にまで至ろうとする。ヒューマニストのピコ・デッラ・ミランドラは『**人間の尊厳についての演説**』でこの点について次のように言う。「あなた〔アダム〕は自分の精神の判断によって神的な、より高いものへと新生できる。人間はみずから欲するものになることができる」と。ここにルネサンスの統一的宣言が見いだされる。

（3）自然科学の定礎　近代自然科学の定礎者ガリレオ・ガリレイはキリスト教信仰よりもアリストテレスの形而上学に基礎づけられた伝統的な自然学を攻撃し、自然をそれ自身から研究すべきであると主張した。こうしてそれ自身に根拠を置く自然という理念が提示され、自然科学的世界像が形成されるにいたった。

(4)主観性と個人の自由　人間はこの自然に属していても、自然を対象として立てることにより、自然の外に出て、これを意識の内に捉える主観性という特質をもっている。こうして人間は自然を超え、世界の中心的地位を占めるようになり、神と世界から自立した、自主独立せる個人の自覚に達する。このような個人は倫理的には他律を排除し、自律としての自由という理念にしたがって生きる。この理念が近代人とその思想に決定的な影響を与えた。

(5)技術文化の世界　近代人は**ホモ・ファーベル**(homo faber:工作人)として特徴づけられる。じつに、ルネサンスの巨匠たちは芸術作品の制作と平行して機械を発明し、工作を促進した。古代では工作という実作業や技術という道具的制作知は奴隷のものであって、自由人には、観照的な理性人である**ホモ・サピエンス**(homo sapiens:知恵ある人)であることが理想化された。しかし、近代では、工作、そして、技術が重大な役割を演じるようになり、近代人は、工作と技術によって自然と人間との中間領域を新しい文化の世界として新たに造りだした。それは、既存の職人的・職業的労働体制から解放され、それ自体の独立性を帯びた、独自の規範と法則により創造された近代文化の世界であり、そのなかで、可能な限り自我を拡大することが自由であり、そこに**ホモ・ウニヴェルサリス**(homo universalis:普遍的な人)というルネサンス的万能人という理想が生まれた。だが、そうした無職業的な万能人の理想は、宗教改革の禁欲倫理と職業召命観と鋭く対立した。

近代の新しい人間像は、神や世界から人間を位置づけるのではなく、人間の世界経験をすべて、自己自身を中心にして直接合理的に解明していくところに現われている。つまり、認識においても、実践的行為においても、すべての中心に立つのは自己自身であるから、自律的に世界に向かい立つ「**主観**」として自らを自覚し、自ら自身によって倫理的に行動する「**自由**」を確立することが、近代的人間とその思想の根本的な関心事となった。

物語1　森の中のデカルト

このような人間中心的な方向はデカルト（René Descartes, 1596 - 1650）とともに哲学的な思想として結実した。彼は自己のもっとも深遠な思想を定式化する前に、どのような「道に従って」（メタ・ホドス：方法）真理の探求をなしたかを『**方法序説**』のなかで詳しく語った。

イエズス会による教育がなされたラ・フレーシュ学院にいたときに、人文学という「書物による学問」の基礎が不確かであることを知ると、「世間という大きな書物」から学ぼうとして、卒業と同時に彼は旅立つ。ところが、こうして世間から学んだことも相対的なものにすぎないと悟り、彼は自己自身の内へと探求の方向を転換した。彼は言う、「このように数年をついやして世間という書物の中で研究し、多少の経験を積もうと努力したのちのある日のこと、わたし自身によってもまた本気で考えよう、そうして辿るべき道を選ぶためにわたしの精神の全力を尽くそうと、わたしは堅く決心したのである」(『方法序説』落合太郎訳、岩波文庫、21頁)と。

こうしてデカルトは幾何学的方法による学問の再建を試み、「明晰判明に認識されたものが真理である」という探求方法を確立し、それを哲学に適応し、絶対的に明証なものを探求していって、「わたしは考える、それ故にわたしはある」(Cogito, ergo sum) との哲学の第一原理に到達する。この「思考している自我」こそ「見ているわたし」である「主観」に他ならず、主観の前面に広がっている世界は「客観」なのである。

このような哲学の第一原理を発見した歩みを追って行くと、デカルトが自己の思想をすべてただ一人で発見したかのように語られる。たとえばドイツのウルム郊外の寒村での生活は「終日ただひとり炉部屋に閉じ籠もっていた」と語られており、さらに都会や家はひとりの人によって設計されたほうが優れていると力説され、「わたしの計画は、わたし自身の思想を改革することに努め、すべてわたし自身のものである基礎の上にわたし自身の思想を構築するというにとどまり、決してそれ以上には出なかった」(前掲訳書、26頁)とある。

たしかに「良識はこの世のものでもっとも公平に配分されている」という『方法序説』冒頭の言葉に示されているように、「良識あるいは理性」の人権宣言が高く掲げられている。このような思想は理性を人間におけるもっとも有力な力とみなし、理性的な配分の公平さによって人間の平等を捉え、人権宣言の提示にまでいたるとき、近代の社会思想の出発点となった。彼の時代は革新の時代であって、理性に従う合理的改革を彼は試みている。しかし、いまだ大衆はこの革新を担い得るまでに成長していない。そのため個人の思想の枠内での改革を実行しようとしたのである。

そのため彼はオヴィディウスの言葉「よく隠れたものはよく生きたのである」にしたがってパリを離れてひとりで生きたと言う。さらに、真理の発見に至るまでの生き方を支える、いくつかの暫定的な道徳・格率を自ら自身のために定め、たとえば、その**第三の格率**には「運命よりはむしろ自分に打ち勝とう、世界の秩序よりもむしろ自分の欲望を変えよう」とある。

「**わたしは考える**」(Cogito)という主観的思惟からすべてを開始するデカルトは合理主義的思想家である。しかもこの真理の発見のために「方法的懐疑」が実行された時には、その徹底的な思惟を、彼自身の強力な意志が支えていた。『**方法序説**』における彼の姿は、「真っ暗な闇に閉ざされた森の中を理性の光を頼りに一人で淋しく歩む」探険家のように受けとめられており、それは先に述べた暫定的な道徳の**第二の格率**として次のように述べられている。

わたしの第二の格率は、わたしの平生の行動の上では、わたしに可能であるかぎり、どこまでも志を堅くして、断じて迷わぬこと、そうしていかに疑わしい意見であるにせよ一たびそれとみずから決定した以上は、それがきわめて確実なものであったかのように、どこまでも忠実にそれに従うということであった。このことをわたしは旅人になぞらえたのであった。かれらが森の中で道に迷ったならば、もちろん一か所に立ちどまっていてはならないばかりでなく、あちらこちらとさまよい歩いてはならぬ、絶えず同じ方角へとできるだけ真直ぐに歩くべきである。たとえ、最初にかれらをしてこの方角を択ぶに至らしめたものがおそらく偶然のみであったにもせよ、薄弱な理由のゆえにこれを変えてはならない。なぜなら、このようにするならば、かれらの望む地点にうまく出られぬにしても、ついには少くともどこかにたどりつくであろうし、それはたしかに森の中にたたずむよりもよかろうから。（前掲訳書、36頁参照）

これが「森の中のデカルト」と呼ばれる原則であり、そのもっともデカルトらしい点は、道を択んだのが偶然であったとしても、それをあたかも必然と考えて、意志を堅固にたもって、これを終りまで貫き通すところにある。進学、就職、結婚すべて然りである。デカルト的合理主義は偶然をも必然とみなす強い意志に裏打ちされていた。だから単なる主知主義では決してなく、むしろ主意主義ともいうべき性格がみられる。

〔研究1〕 孤独と孤立の違い

このデカルトの思想的な特質は合理主義であるが、同時に理性に立脚する個人主義でもある。実はここに彼の思想的な欠陥も露呈してくる。なかでも顕著なのは孤立した個人の姿である。個人の自主独立性は近代的自我の特徴であっても、個人は身体を通して他者と交渉をもち、決して孤立して独立たりえない。彼は学徒として隠れるようにして生き続け、パリの社交界から自己を遮断していたが、そこには「孤立」があっても、「孤独」の苦悩が見当らない。「孤立」は他者との関係を断ち切ることであるが、「孤独」には他者との本来的関係からの逸脱か疎外かによって苦しみ、真の関係を志す苦悩が伴われる。だから孤独には人間的な苦悩があるが、孤立は非人間的なるものであって、冷たい権力意志がひそんでいる。デカルトは孤立して生きようとした。人間の世界を離れ、自然を対象的に捉え、科学によって世界を支配しようとした。ここにデカルト的合理主義が成立する。

合理主義はすべての人に本来的に見られる普遍性をもっているのに、現実には考える「主観」は「個人」とみなされ、その思想は個人の営みに限定される。しかも他者との関係を断ち切った独立した個人というものは、彼の願望がいかに強くとも、現実にはどこにも存在していない代物であった。こうしたところにデカルトの思想的な欠陥が見えてくる。

物語2　パスカルの考える葦

パスカル（Blaise Pascal, 1623 - 1662）はデカルトの同時代人であっただけでなく、ともに科学者であって、また認識論では明証説を共有し、一時はデカルト主義を奉じていたときもあった。だが人間観において両者は全く相違していた。すなわち、パスカルの人間観は「人間はひとくきの葦にすぎない。自然の中でもっとも弱いものである。だが、それは考える葦である」（「パンセ」前田陽一、由木康訳『世界の名著24』中央公論、断章347－204頁）という断章に端的に示されている。デカルトも人間の本質を「思考」で捉えているがゆえに、「考える」点で両者は人間の「偉大さ」を捉えていた。しかしデカルトが「**人間＝思考**」とみなしていたのに対し、パスカルの「**人間＝考える葦**」の主張は同時に人間の現実に注目し、その「弱さ」を「悲惨」として捉える。そしてこのように人間を理解するためには科学的な「幾何学的精神」では足りず、同時に「繊細な心」がなければならないと彼は説いた。デカルトの合理主義ではこの人間の繊細さ、多様性、自己矛盾は捉えられない、とパスカルは主張し、人間の根源的罪性の自覚からキリスト教の真理を弁証していった。ここに近代思想に対する彼の対決姿勢が明瞭に示された。

同時代の科学者であったパスカルは宇宙空間の驚異により畏れを抱くとともに未曽有の孤独感におちいっている。「この無限の空間の永遠の沈黙はわたしをおそれしめる」と彼は『パンセ』の中で語っている。科学者の精神を満たしている宇宙は人間の心情に何も語っていないので、無限大の宇宙に対し人間は微小なはかない存在にすぎないと感じられる。無限に直面し人間としてさらされ孤独に耐えているパスカルは、思惟する人間の自覚によって宇宙における人間の地位を明らかにする。ここに有名な「考える葦」の断章が次のように語られる。

人間はひとくきの葦にすぎない。自然のなかで最も弱いものである。だが、それは考える葦である。彼をおしつぶすために、宇宙全体が武装するには及ばない。蒸気や一滴の水でも彼を殺すのに十分である。だが、たとい宇宙が彼をおしつぶしても、人間は彼を殺すものより尊いだろう。なぜなら、彼は自分が死ぬことと、宇宙の自分に対する優勢とを知っているからである。

だから、われわれの尊厳のすべては、考えることのなかにある。われわれはそこから立ち上からなければならないのであって、われわれが満たすことのできない空間や時間からではない。だから、よく考えることを努めよう。ここに道徳の原理がある（前掲訳書、同頁）。

この「考える葦」という人間の定義は「葦」がか弱い存在に対する比喩であることを補足すればすぐれた規定である。「葦」という表象は旧約聖書の「傷ついた葦を折ることなく、暗くなってゆく灯心を消すことなく」（イザヤ書四二3）という聖句に由来する。人間は少し雨が降り洪水になれば溺死することがあるほど「一滴の水」によって存在がもろくも破壊されるほどか弱い。この弱い「葦」はしかし「考える」点で偉大なのである。たとえば人間は自己のみじめさを知り、宇宙の優勢なことを知っているが、宇宙は何も知らない。だから、思惟にこそ人間の尊厳がある。「わたしがわたしの尊厳を求めなければならないのは空間からではなく、わたしの考えの規整（公正な規律にかなうように物事を整えること）からである。……空間によって宇宙はわたしをつつみ、一つの点のようにのみこむ。考えることによって、わたしが宇宙をつつむ」（前掲訳書、断章348－204頁）と彼は言う。

デカルトが考えたように、自然と人間の精神とは二元論的に対置されているのではない。人間は自然の中にあり、その自然のなかにおける人間の現実存在こそが問題なのである。したがって、無限の空間はデカルト的観念に現われた「延長」ではなく、自然は人間をつつみこみ、人間を驚愕させ、人間のみじめさについての耐えがたい自己意識を呼び起こす。だが、自然と宇宙に対する人間の思考による関係の中にこそ、パスカルは人間の尊厳を見ている。

人間の本性は、二通りに考察される。一つは、その目的においてであり、その場合は偉大で比類がない。他は多数のあり方においてであり、……その場合は人間は下賤で卑劣である。人間に対して異なった判断を下させ、哲学者たちをあのように論争させる原因となる二つの道が、ここにあるのである。（前掲訳書、断章415―223頁）

しかし、この対立する二つの地平は一つに落ち合っている。すなわち、人間の自覚において二つに結びついている。続く断章でパスカルは次のように言う。「要するに、人間は自分が惨めであることを知っている。だから、彼は惨めである。なぜなら、事実そうなのだから。だが、彼は、実に偉大である。なぜなら惨めであることを知っているから」と。この自知としての自覚は、現実の悲惨さの認識を通して逆説的に本来的自己の偉大さを証明している。つまり否定的事態は何かの否定であって、否定はそれが否定するものの本来のありかたを肯定的に示す。「否定を通しての間接証明」とこれを名づけることができよう。『幾何学的精神について』の中でもパスカルはこれに触れているが、ここでは『パンセ』の中の「廃王の悲惨」についての断章から明らかにしてみよう。

> 人間の偉大さ。人間の偉大さは、その惨めさから引き出されるほどに明白である。なぜならわれわれは、獣においては自然なことを、人間においては惨めさと呼ぶからである。そこで、われわれは、人間の本性が今日では獣のそれと似ている以上、人間は、かつては彼にとって固有なものであったもっと善い本性から、堕ちたのであるということを認めるのである。なぜなら、位を奪われた王でないかぎり、だれかいったい王でないことを不幸だと思うだろう。
>
> （前掲訳書、断章409―221頁）

「廃王の悲惨」に見られるように、パスカルは自然本性的堕罪と恩寵的救済のキリスト教的二元論を深めた形で継承している。つまり、思想史的に見れば、パスカルが人間本性の壊敗について嘆くとき、彼は、ヤンセニズム（ヤンセニズム：Jansénisme は一七世紀以降流行し、カトリック教会によって異端的とされたキリスト教思想。ジャンセニズム、ヤンセン主義ともいわれる。人間の意志の力を軽視し、腐敗した人間本性の罪深さを強調した。）によって当時説かれたパウロ的・アウグスティヌス的恩寵論の伝統に立っていると言える。しかし、一方で、パスカルは人間の悲惨と偉大を矛盾するものとして説き、ここからキリスト教の考えに入ってゆく。彼の説く、人間の悲惨と偉大な逆説的同時性の主張は、ルターの「義人にして同時に罪人」の定式に近づくものであり、宗教改革的であるとも言えるであろう。

[研究2] デカルトとパスカル

デカルトは人間を自然本性的に理性的で自律的な存在として説いた。しかし、パスカルは人間が自然本性的に理性的で自律的であることにのみ満足しているのは、動物が自分に自然に与えられた素質を発展させることで満足しているのと同じだと考えた。人間である以上、人間はたえず自己を超えるものをめざし、脱自的に自己の現実を超越すべきである。人間である以上、自己を超えて実存しないならば、自己の遥か下方に転落するに等しい。これが「堕罪」の本来的意味であり、パスカルにあって、デカルトにない人間理解である。

デカルトの「思考している自我」から見れば、人間は認識主観であり、純粋思惟というガラス張りの透明な抽象体にすぎない。たしかに、そのおかげで、デカルト哲学の支配領域は有限的で、安定した一義的なものであって、無限的で、流動的で両義的なものではない。だが、この観点から人間の究極の謎は解かれえない。つまり具体的で実存的な「人格」としての「自己」である人間を理解することができない。したがって、パスカルは「幾何学的精神」に対立する「繊細な精神」を説き、無限の多様性をひめた人間の精神はこの第二の方法によって取り扱わねばならないとする。人間を特徴づけているものはこの人間性の繊細さ、多様性および自己矛盾である。その実質的にして実存的な状況の中にある「自己」をデカルトの「思考している自我」の哲学では掘り当てることはできない。

物語3　ドイツ敬虔主義の「美しい魂の告白」

敬虔主義《ピエティスムス》（Pietismus）は17世紀の後半にドイツで興った信仰覚醒運動である。この運動の発端はルター派教会が領邦教会として国家的な基盤に立ち、制度的に保証された歴史的状況に由来する。国家的・制度的保証にたよるということは、教会が他の公的制度・施設と同じになるということであり、やがて、教会は自分自身の内的な生命力を喪失して形骸化し、道徳的な無力化と霊的な荒廃が生じ、権威と信望がまったく失墜するにいたった。当然、教会批判が続出し、人々の関心は、制度的な教会から個人の内面的な信仰と道徳の確立に移行し、個人の社会的実践の必要性が強調された。国家的・制度的なものとしての教会をみとめ帰属するとしても、もはや、その法規、職務、礼典、教義などは個人の内的な信仰や道徳ほどには重要ではないとみなされた。

敬虔主義はこうした状況の中で生まれた。そこに共通する特質として第一に挙げられるものは、原始キリスト教における愛と単純と力をもって道徳的な「完全」を目指す生き方を重んじることである。第二にルターの信仰を絶えず導きとして、正統主義教会にとどまりながら信仰を覚醒しようと試みる点である。第三にその教えの中心は「再生」に置かれ、無罪放免という法廷的な義認論がもたらした道徳的な無力を批判し、新しい創造・新しい被造物・新しい人間・内的な隠れた心情・神の子における道徳的な完成などをめざす点である。したがって、その思想の最大の特質は宗教改革の信仰義認論を忠実に継承し、義認における神の独占活動を認めながらも、義認そのものが再生の中に組み入れられ、再生が信仰のいっそう包括的な生命として説かれた点に求められる。それゆえ敬虔主義は、義認を排除してまでも再生を強調するのではなく、再生こそ人間を根本的に変化させる強力な生命と豊かな経験である点を力説し、信仰の内面性を実践的な愛のわざと密接に結びつけた。

この運動は**シュペーナー**（Philipp Jakob Spener, 1635 - 1705）の「敬虔主義の集会」から具体的に発足したとされる。彼の著作『**敬虔なる願望**』（１６７５、『**ドイツ敬虔主義著作集**』第一巻、ヨベル近刊予定）は教会改革案の基本方針を定めたもので、フランケによって継承され、ハレの孤児学院が創設され、社会的な実践が強調され、スカンジナビアやアメリカ合衆国にまで発展した（ハレ派敬虔主義）。さらにツィンツェンドルフ伯爵によるモラヴィア兄弟団、別名ヘルンフートの信仰覚醒運動が起こり、これも、ヨーロッパ各地やアメリカ合衆国にまで広まった。

ゲーテの『ヴィルヘルム・マイスターの修業時代』第6巻に収められている「ある美しい魂の告白」は、ツィンツェンドルフ伯爵のヘルンフート派に入信した女性の信仰の記録であり、敬虔主義の生活の実体を今日に伝えている。そこには信仰の神秘的な働きが次のように述べられている。

しかしわたしたちは、どうすれば恩恵に与かることができるのでしょうか。「信仰によって」と聖書は答えています。では信仰とは一体なんでしょうか。ある出来事の話を本当だと思うこと、それがわたしになんの役に立ちましょう。わたしはその話の効果やその結果を自分のものにすることができなければなりません。そしてこの自分のものにするという信仰こそが、一種特別な、自然の人間には見られない心境でなくてはなりません。……本当に、そのときわたしが感じたことを誰が描写できましょう。わたしの魂は、ある引力（Ein Zug）によって、イエスがかつて最期をお遂げになった十字架の方へ導かれました。それは引力としかいいようのない、ちょうどわたしたちの心がそこにいない恋人にひかれるような、そういう力でした。恐らくわたしたちが想像するよりはるかに本質的な、真実な接近でした。こうしてわたしの魂は、人間の肉体をえられてついに十字架に架かりたもうたお方に近づきました。そしてその瞬間にわたしは信仰とはなんであるかを知ったのです。「これが信仰なのだ」とわたしはいって、半ば驚いたように飛びあがりました。そこでわたしは自分の感覚や直観を確かめにかかりました。そして間もなく自分の精神が、これまで全く知らなかった高く飛翔する力をえていることを確信しました。（高橋義孝訳『ゲーテ全集』第五巻、１９６０年、340－341頁）

実に見事な叙述である。人間には感性や理性を超えた心の深みに霊性が宿っている。この隠された力をこの物語は正しく捕らえている。ゲーテはこれを「美しい魂」と呼んだのである。

［研究３］敬虔主義の時代

ドイツ敬虔主義もツィンツェンドルフ伯の時代には、ドイツ思想史において啓蒙主義が支配権をにぎった時期であって、合理主義的にすべてを解明し、宗教を道徳に還元し解消しようとする傾向が強かった。伯爵はこの風潮がイギリス理神論から派生していることを明瞭に洞察していた。これに対決して彼は敬虔主義的な情熱を燃やして次のように語っている。

宗教の領域でみなが救い主について語るのを恥じる時が来るならば、それは大いなる誘惑の時である。そしていま、非常な勢いでそうなろうとしている。ルター派でも改革派でも、アメリカ・イギリスの教会でも、救い主について、わたしたちの罪の悔い改めのためのイエスの闘いについて教えるために口を開く者があれば、それはほぼ例外なくヘルンフートの一員で、ほかには誰もいない。これを見れば明らかであろう。（シュミット『ドイツ敬虔主義』小林謙一訳、教文館、180―181頁からの引用）

敬虔主義の研究は日本では何も行われてこなかった。僅かに創始者シュペーナーの『敬虔なる願望』の翻訳（玉川大学出版部）と二、三の研究書が訳されているだけである。本格的な研究はこれからである。日本のヨーロッパ思想の研究は啓蒙思想に偏りすぎていた。これは正さねばならない。現在『ドイツ敬虔主義著作集』（全10巻）がヨベルから刊行開始されている。

物語4　カントの「根本悪」

ドイツ啓蒙の代表者は**カント**(Immanuel Kant,1724 - 1804)であった。彼はデカルトの流れをくむ**ライプニッツ**や**ヴォルフ**の合理主義の哲学を批判的に継承した。彼らは、理性万能の見方に対して、理性自身の認識能力に対する学問的な批判と検討を欠いていたので、独断的形而上学に陥っているとカントは指摘して、人間理性の有限性を明らかにした。それは「信仰に場所を与えるために〔誤った〕知識をとり除かねばならなかった」と彼が述べているように、合理主義の思弁的越権行為を批判してキリスト教信仰への道を開くことでもあった。また、道徳的命法の無制約性に立つことで、カントは理性の有限性を突破する**道徳形而上学**も形成した。

カントの『**宗教論**』は〈単なる理性の限界内における宗教〉として性格づけられている。つまり、同書は理性で考察できるかぎりでの宗教を問題とするのであって、信仰から宗教を考察するのではない。そこでは「宗教とはわたしたちの義務のすべてを神の命令として認識することである」と定義される。そのように、あることを神の命令する義務として承認することを、神の命令にもとづいておこなうのは**啓示宗教**である。他方、神の命令を理性を通じて義務として認識・発見し、承認するのは**自然宗教**（**道徳宗教**）である。キリスト教は一方で理性的に認識され承認される自然宗教でもあり、また、愛を行うようにキリスト自身が歴史的に示し教えたのであるから啓示宗教でもある。しかし、それ以外に、奇蹟、神秘、恩恵の手段などを信じるのは迷信である。カントは理性的な自然宗教（道徳宗教）を理想的な基準として教会のありかたを考え、教会の祭儀的な教義を批判し、現実の教会を否定するほどラディカルな思想を展開した。

ところで、カントの道徳論、宗教論にしたがえば、人間は自らの理性的能力で自らが義務として認め行うべき理想的な道徳法則を認識、実践することができるし、宗教面においても、神の命令を理性的に把握し、自然宗教（道徳宗教）を理想的な基準として宗教生活を実践することができるはずである。ところが、現実世界において、どれほどの人が道徳的であり宗教的であるだろうか。この現実と理想のあいだにあるものをカントは、人間の「悪への性癖（傾向性）」つまり「根本悪」として説いた。このような人間への悲観的な見方は、人間の合理的理性能力を楽観的に理想化する見方についてまわる現実的な問題であり、先にデカルトの合理主義に対してパスカルが人間の悲惨さを対置させていたのも同じ問題である。

では「根本悪」とは何であろうか。自然の最終目的である人間は、各人の幸福と自然の開化である文化を実現させ、生活を向上させることができるはずである。しかし、自然の意図として理想的には人間が本来このようであっても、現実的には「悪への性癖」をもち、自然的欲望である傾向性に従い、個人的な生き方を普遍的な格率とし転倒させている。つまり、義務と傾向性が対立する場合に、「両者のいずれを他の制約とするかという**従属関係（動機の形式）**」において道徳的善悪が規定されるのだが、人間には傾向性（自然的欲望）に義務（普遍的な格率）を従属させるという自然的性癖が認められる。しかも、この性癖は人間本性のうちにあるがゆえに、根本的（radikal）な悪であり、これが「根本悪」である。これのために、人間は自らの尊厳たる「創造の究極目的」に達しえないのである。

この転倒への性癖が人間本性のうちに存するならば、人間のうちには悪への自然的性癖が存することになる。そしてこの性癖そのものは、結局は自由な選択意志のうちに求められねばならず、したがってそれには責任が帰せられうるのであるから、道徳的に悪である。この悪は根本的である。と言うのは、それがあらゆる格率（個人的生き方）の根拠を腐敗させるからである。同時にまた、これは自然的性癖として、人間の力によっては根絶できないものであって、それと言うのも、この根絶はただ善い格率によってのみ生じうるのであるが、もし一切の格率の最高の主観的根拠が腐敗したものとして前提されるならば、このことは起こりえないからである。だがそれにしても、この性癖は自由に行為する存在者としての人間のうちに見いだされるのであるから、これに打ち克つことが可能でなければならない。

（「宗教論」、飯島宗享、宇都宮芳明訳『カント全集9』理想社、58頁）

この悪を克服するためには、善への一回的な転向と漸次的な癒しとが必要であり、そこに義務を神の命令として認識する宗教の意義が求められた。このようなカントの宗教理解は、人間性の悪の深淵と道徳的命法の無制約性という宗教的に深められた洞察にもとづく。このような転倒を起こして人間の本性を根底的に破壊している事実をもって彼はキリスト教の原罪の教えに同意している。

【研究3】カントとルター

道徳法則を行動の動機とするか、それとも感性的衝動を動機とするかを意志が選択するさい、意志は、どちらを他の制約にするかという従属関係によって善ともなり悪ともなりうる。しかし、人間本性にまで根づいている自然的性癖によって、人間は正しい従属関係に立つ道徳秩序を転倒させてしまう。この人間的な事実をさして**根本悪**と言うのである（前掲訳書、57―58頁）。このような根本悪の主張は、人間の理想的あり方に暗い影をみるものであり、ゲーテのような啓蒙主義を超えた人びとにさえ、カントは哲学のマントを汚したとして嫌悪された。しかし、ここにはルターの「自己自身へと歪曲した心」(cor incurvatum in se)という**原罪の理解**への共感が見いだされる。カントは言う「しかし、こんなに歪曲した材木から完全に真直ぐなものが造られるとどうして期待しえようか」(前掲訳書、143頁)と。こうしてカントの理性的自律の主張は根本悪を通じて根底から動揺してくるといえるが、人間の本質的理解による自律の主張が先行しているからこそ、現実における根本悪も説かれることが可能となったのである。

　カントは**理性的自律**を確立するに当たって神学から独立し、人間自身に即して考察している。こうして、ライプニッツに至るまで神学を前提となし、またすくなくとも神学を含めて哲学を確立し、意志学説の上でも神律的に自由意志を把握しようとしてきた西欧の伝統から訣別している。カントによると合法性から区別された**道徳性**は、道徳法則の遵守にもとづいており、道徳法則に基づいて**自由**が探求された。このことは律法に対する外面的な遵守ではなく、内面的な服従から出発するルター的思考とその軌を一にしている。そればかりでなく『**実践理性批判**』の結語にみられる「**わたしの内なる道徳法則**」に対する感嘆と崇敬の感情は、その法則の仮借なき厳格さとともにプロテスタント的性格を継承しており、道徳法則の意識はすべての人に見られる所与の事実と考えられた。

さらに、この法則の内容が「実践理性の事実」として示されているところでは、それは自然法および十戒と同じ内容である。このように義務と責任に立つカントの出発点はジャンジャック・ルソーと共通している。しかしルターの**良心宗教**は罪から救済への道を探求して歩むのに対し、カントはルソーの良心宗教と同様に、道徳的な心情が神聖な道徳法則を担っている点に立ちとどまっている。そこでは「人間は自由の自律のゆえに神聖な道徳法則の主体である」と宣言される。またこの道徳法則が神聖でなければならないというのは、この法則が人間の本性からも社会的必要からも導きだされないで、神的性格のゆえに宗教的尊崇の対象にまで高められていることから生じている。

また、ルターは、自力では神の律法を実現できないという、神と人との分裂を良心で感得しているが、カントでは、この分裂は、内的人間における理念的人間と現象的人間との分裂として説明され、前者が後者を良心の「内的法廷」において裁くこととして理解される（パウル・メンツァー編『カントの倫理学講義』小西・永野訳、三修社、171頁）。基本的に、カントは、人間を二つの側面から絶えず考察しており、この場合、**第一**に自然界に属する「**現象的人間**」（homo phaenomenon）があり、**第二**に、同時に可想的超自然界に属する「**理念的人間**」（homo noumenon）がある。前者は

「現象人」とも呼ばれるが、この意味での人間は自然に属し、生物進化の頂点に位置しており、自然の最終目的とされる。しかし、このような人間の現実は先に指摘したような「根本悪」に染まっている。しかし、カントによれば、人間は、こうした自らのありかたを、道徳的主体として、自ら自身の責任を自覚できるのであり、それが「本体人」とも呼ばれる理念的な人間としての後者のありかたである。高次の自己が低次の自己を裁くように、「本体人」は「現象人」を自らの良心の法廷において裁くのであるが、ただし、どうしてもその裁きは甘くならざるをえない。

また、先に見たように、カントは敬虔主義の伝統に立っており、それゆえに、彼は人間本来のあり方に反逆しようとする意志を人間に認め、それを「根本悪」と言ったのであるが、そこに、邪悪な意志が悪魔的性格をもつことをカントは見抜いていた。彼は言う、「道徳法則から放免されたいわば邪意ある理性（端的に悪しき意志）は、それによって法則そのものに対する反抗が動機にまで高められ（動機がまったくなければ選択意志は規定されえないからであるが）、かくして主体は悪魔的存在者に仕立てられてしまう」（『宗教論』前掲訳書、56頁）。ここに啓蒙主義におけるデーモン的なるものの認識が自覚されているといえよう。

物語5　ヘーゲルとキリスト教

ドイツ観念論において「哲学すること」が行なわれたのは主として弁証法の形式によってである。「弁証法」(Dialektik) という概念はカントでは「仮象の論理」として論理上の「誤謬推理」であって「弁証論」と訳された。しかし、**ヘーゲル** (Georg Wilhelm Friedrich Hegel, 1770 - 1831) では「弁証法」は本来思弁的思惟として対象を、それにかかわるすべての関連合わせて、つねに考察するものである。ある事がらのすべての関連とは、それに対し、たんに「外的」にかかわるようなものではない。というのもすべての関連とは、何かに「自己が関係する」ことであり「実体はまた同じく主体として」把握されるからである。

弁証法的思考は次のように進む。まず、特定の概念でもって規定されたある事柄に「自己」が直接関係し、反省を加える。すると、そのような概念規定が一面的で、抽象的であることが明らかになる。こうして概念はそれ自身を超えて先に向かう。ある事柄のもつ真理は、その「全体」にあるのであって、このようにその全体が所有する諸規定と諸関連との全系列を弁証法的思考によって通過することによって、わたしたちは全体を知ることになる。

ここから弁証法的思惟は三段階のリズムをとって運動することが明らかになる。第一の段階は「即自的」(an sich)で、直接的肯定の段階であり、第二の段階は「対自的」(für sich)で、否定の段階であり、第三の段階は「即且対自的」(an und für sich)であり、否定の否定として第一と第二の段階を総合統一し、より高次の意味での肯定の段階である。このようなヘーゲルの弁証法は歴史の考察で最も明瞭になる。

彼によると「絶対者」は歴史のうちに現われるから、歴史は絶対者がその本質をしだいに明瞭にする過程にほかならない。それゆえ真理は、たえず変化する歴史的状況の形態において、現実的であり、この状況はすべてある限定された仕方で、真理である。まさにこのことが、あらゆる立場は、勝利をおさめたとき、一面的なものとして自らを証明するという、進行する歴史の弁証法的過程を形成する。

この歴史の弁証法的過程において真理は同時に克服され、かつ保有される。すなわち真理は後の局面において「止揚」されるのである。このように歴史が弁証法的過程として把握されているのは、ヘーゲルが無制約的絶対者を有限的な制約されたものと対立するとはみなさないからである。もし対立しているとすれば、その対立のゆえに、絶対者は制約された者になるであろう。そうではなく絶対者は有限性にまでくだり、有限的なるものを、自己の有限性において経験し、こうして同時に、自己を克服する限り、ただその限り絶対者は人間にとって存在する。ここに絶対者と有限なるものとの媒介が成立する。ヘーゲルのこのような思想がキリスト教の受肉と三位一体の教義にもとづいていることは容易に理解されるであろう。

ヘーゲルはキリスト教の歴史観「神の摂理が歴史を支配している」という命題を哲学に翻訳し、「理性が世界の支配者である」とみなし、「世界史は理性的に行なわれてきたのであって、世界史は世界精神の理性的で必然的な行程であった」また「世界史は自由の意識の進歩を意味する」といった歴史哲学の根本思想を説き明かした（『歴史哲学　上』武市健人訳、岩波文庫、65、69、79頁）。この自由の意識は世界史では三段階の発展をとり、国家形態もそれにしたがって弁証法的な展開をなしていると主張した。すなわち、(1)一人の君主のみが自由であって、他のすべてはその奴隷にすぎない、東洋的専制政治から始まり、(2)少数の者が自由であり、他はみな奴隷であったギリシア・ローマの少数政治を経て、(3)すべての者が「人間が人間として自由である」という意識に達したキリスト教的ゲルマンの立憲政治にまで弁証法的に発展した。この発展を彼は次のように物語った。

東洋人は、精神そのもの、あるいは、人間そのものが、それ自体で自由であることを知らない。

自由であることを知らないから、自由ではないのです。かれらは、ひとりが自由であることを知るだけです。が、ひとりだけの自由とは、恣意と激情と愚鈍な情熱にほかならず、ときに、おとなしくおだやかな情熱であることもあるが、それも気質の気まぐれか悪意にすぎません。だから、このひとりは専制君主であるほかなく、自由な人間ではありません。——ギリシャ人においてはじめて自由の意識が登場してくるので、だから、ギリシャ人は自由です。しかし、かれらは、ローマ人と同様、特定の人間が自由であることを知っていただけで、人間そのものが自由であることは知らなかった。プラトンやアリストテレスでさえ、知らなかった。だから、ギリシャ人は奴隷を所有し、奴隷によって美しい自由な生活と生存を保証されていたし、自由そのものも、偶然の、はかない、局部的な花にすぎず、同時に、人間的なものをきびしい隷属状態におくものでもあったのです。——ゲルマン国家のうけいれたキリスト教においてはじめて、人間そのものが自由であり、精神の自由こそが人間のもっとも固有の本性をなすことが意識されました。この意識は、まずはじめに、精神のもっとも内面的な領域である宗教のうちにあらわれましたが、この原理を世俗の世界にもうちたてることがさらなる課題であって、その解決と実行には、困難な長い文化的労苦が必要とされました。

（ヘーゲル『歴史哲学講義 上』長谷川宏訳、岩波文庫、39―40頁）

ヘーゲルの思想においては、このように、キリスト教と哲学とを歴史を通して総合することが意図されており、それは歴史の発展過程から全体的真理に向かって弁証法的に把握された。

物語6　シュライアーマッハーの青春

カントが強調した個人的な人格性は尊厳をもっており、すべて人に妥当する普遍性があっても、他でもないこの普遍性のゆえにかえって抽象的となってしまう。それに対し**シュライアーマッハー**（Friedrich Daniel Ernst Schleiermacher, 1768 - 1834）は青春時代の作品『**独白**』のなかで「質的な人格主義」を説いた。同書は具体的な人格は抽象的なものではなく、個性的なものであると説いた。カントのように、万人に共通な人格性一般ではなく、個別的な人格がシュライアーマッハーによって自覚されるようになった。このような「個性」は注目に値する。なぜなら各人はその個性によって特定の役割を分担し、相互的な間柄に立つものとして理解できるからである。個性はすべてその独自性をもっている。実際、独自な個性的存在にして初めて、他者と積極的、かつ、具体的に関わることができる。自然は人が共通にもっている自然の賜物たる才能を一様化しないで、多様な所与として与えるほうを選んでおり、所与の才能の多様性によって人間の個性化が促進される。それゆえ天与の自己の才能の特殊性をわたしたちは正しく認識し、個性を磨くようにすべきである。個性はきわ立った性格を各人にきざみつける。それによって特殊な役割を分担することを可能にし、多様性によって相互的な共同性を実現させる。あたかも歯車の凹凸のように、相互にかみ合う共同関係は個性において成立しており、個性的であるがゆえに他の個性と協力し合い、そこから共同性や社会性が成立する。こういう相互に質的差異をもった人格の協働こそ、共同的な間柄関係を担う倫理的実践の主体なのである。

ところで哲学者にして社会学者であった**ゲオルグ・ジンメル**（Georg Simmel, 1858 - 1918 哲学者〔生の哲学〕、社会学者である。ドイツ系ユダヤ人〔キリスト教徒〕）が初めてシュライアーマッハーの独自な思想を初めて「新しい個人主義」と命名したといえよう。彼はこの優れた思想について次のように語っている。

> 単に人間は平等でなく、差異もまた道徳的義務であるという偉大な世界史的思想は、シュライエルマッハーによって、世界観の転回点になる。即ち、絶対者は〔自らを縮減して〕個性的なものという形式でのみ生きるという観念によって、また、個性は無限者を制限するものではなく、それを表現し表示するものであるという観念によって、分業という社会的原理が世界の形而上

学的基礎に加えられる。（ジンメル『社会学の根本問題』清水幾太郎訳、岩波文庫、124―127頁）

シュライアーマッハーによれば、各人が独自の方法で人類を表現することこそ、道徳的任務である。彼は青年時代にロマン主義の影響を受け、**フリードリヒ・シュレーゲル**（Karl Wilhelm Friedrich von Schlegel, 1772 - 1829）との親交を通してこのような思想に到達したのであった。ジンメルによると、シュライアーマッハーの個人主義は、18世紀の「量的個人義」に対して「**質的個人主義**」と呼んでもよいし、「単一性の個人主義」に対して「**唯一性の個人主義**」と呼んでもよい。このような人間観は、ロマン主義という大きな水路を通って19世紀の人々の意識へ流れ込んで行った。ジンメルはこのことを「ロマン主義者における生命は、気分や使命、信仰や感情における対立物の自在な変化によって、社会像の安定を表現する。即ち、各個人が他の個人との差異により、また、自己の存在と活動との人間的唯一性により、初めて自己の生存――個人的にも社会的にも――の意味を見出す、そういう社会像の安定を表現する」（前掲訳書、127頁）と語っている。

IX　近代文学の物語

近代文学の概要

次に、哲学思想とならんで、近代ヨーロッパの時代精神を現実的に形象化し、生活の原動力ともなった人間像を生み出した文学の世界にも目を向けたい。**近代文学**は偉大な試みであって、ヨーロッパ文学の黄金時代ともいえる。そこで生まれた人間像の典型を創造した作品のいくつかあげてみよう。まず、**シェイクスピア**（William Shakespeare, 1564 - 1616）の『**ハムレット**』、次いで**ゲーテ**（Johann Wolfgang von Goethe, 1749 - 1832）の『**ファウスト**』、**セルバンテス**（Miguel de Cervantes Saavedra, 1547-1616）の『**ドン・キホーテ**』、さらに、**モリエール**（Jean-Baptiste Poquelin, 1622 - 1673）の『**ドン・ジュアン**』、最後に**ドストエフスキー**（Fyodor Mihaylovich Dostoevskiy, 1821 - 1881）の『**カラマーゾフの兄弟**』等々である。この文学に現われた群像はあたかもオリンポスの神々のように、近代ヨーロッパ世界に君臨しており、そのなかから近代ヨーロッパ精神の特質と文化の本質を端的に提示するいくつかの作品を、特に、人間の自由に潜む悪魔像とそこにある人間理解に注目しながら採り上げたい。

物語1 シェイクスピアの『ハムレット』

この作品は当時流行した仇討ちの流血劇で、筋としては、さまざまな困難を乗り越えて最後に敵を討つが、同時に自分も滅びるという、ありふれたもののひとつである。だが問題はその困難にあって、それは外的な障害よりも、ハムレット自身の内部に潜んでいる。そこに彼の性格と謎、さらに魅力があって、解釈はさまざまになされている。

外的な障害としては、悲劇『ロメオとジュリエット』のような家族間の衝突といったものはないが、社会的意識が個人を左右する点が認められる。なかでも第一幕では殺害された父の亡霊が出て、ハムレットに復讐を誓わせる。これが旧来の伝統文化を圧力と感じ、自由に生き、恋愛もしたいと願っている彼に臨んでくる。だが、現実的な周囲の社会情勢がそれを許さない。

レアティーズは妹のオフィーリアに言う。「殿下はご身分が高い、あの方の心はご自分のものではないのだ。あの方の身分にしたがわなければならないのだ」と。オフィーリアの独白にも「お国の華とも希望とも仰がれておいであそばしたのに、流行のかがみ、礼節の手本とたたえられ、あらゆる人の賞賛の的になっていらしたのに、みんな、みんなもうおしまい」。これがイギリス人特有の社会的意識である。こうして旧来の伝統文化の意識、現実の社会意識、個人としての自由の意識という三者の衝突と相克に悩まされ、ついには絶望の深淵に転落していく。そこでこの作品のもっとも有名な一節を取り上げてみよう。それは第3幕、第1場におけるハムレットの独白である。

生きる、死ぬ、それが問題だ（To be or not to be, that is the question)。どちらが貴いのだろう、残酷な運命の矢弾をじっとしのぶのか、あるいは寄せくる苦難の海に敢然と立ち向かって、戦ってその根を断ち切るか。死ぬ――眠る――それだけのことだ、しかも眠ってしまえば、みんなおしまいではないか、おれたちの心の悩みも、この肉体につきまとう数知れぬ苦しみも。だとすれば、それこそ願ってもない人生の終局ではないか、死ぬ――眠る――眠る！　夢を見るかもしれない、そうか、ここでつかえるのだな。……誰がこんな重荷をしのぶものか、短剣のただひと突きで、この世からのがれ出ることができるのに？　生活の苦しみに打ちひしがれ、汗にまみれてうめきながらも、ただ死後のある不安、いったんその境を越えて行った旅人がまだひとり戻ってきたためしのない、あの未知の国への不安があればこそ、おれたちの決心がにぶるのだ。この世を去って知らぬ禍いを求めるよりは、とどまって現在の苦しみを堪えしのばせるのだ。こうして分別［良心］がおれたちを臆病者にしてしまう。赤く燃えあがる、おれたちの生まれついた決断力が蒼白い、憂鬱な心の壁土で塗りたくられてしまうのだ、そして乾坤一擲《けんこんいってき》の大事業も、そのために横道にはずれ、実行の力を失ってしまう。

（『世界文学全集 Ⅰ シェイクスピア』河出書房新社）

ギリシア悲劇オレステース三部作も同様な主題を追求していた。だが父親を殺害されたオレステースには殺害の主犯である母への復讐に際して、このような内心の苦悩はなかった。ハムレットの場合には母は共犯者ではない。叔父の犯行が疑われても確たる証拠がない上に、殺害にともなう良心の警告が決断を鈍らせてしまう。この内面にこそ最大の障害があるといえよう。そこにデンマーク王子ハムレットの北国的な憂愁さが性格的に加わり、絶望の深淵のなかに彼は転落していく。こうして生と死の狭間に宙ぶらりんになって、この独白は語られた。彼のような良心的な人間は主体的に理性を働かせて分別をもてばもつほど行動できなくなってしまう。自殺さえもできないという絶望の深さがここにはある。

また『**マクベス**』には最初に現れるのが三人の魔女であり、悪魔の力が全体を支配する。それは悪と幻想の暗い霧に包まれた世界であり、最初から超自然なものに包まれている。ところがマクベス自身は弱い男なのに野心家で、野心のためには決して逡巡しない妻に支配されていた。彼自身は悪魔ではないが、ゲーテの描いたファウストと同じく、自分の内にある高慢と野心の虜となってしまう。ひとたび虜となった者には悪魔が猛威を振る運命から逃れることができない。どんなに努力し、悔改めようとしても、空しくファウストがメフィストフェレスにひき戻されるように、マクベス夫人によってマクベスは罪にひき戻される。高慢な罪の結果は絶望でしかない。シェイクスピア物語には悲劇を通して人間に巣くっている悪心が浄化されるカタルシスが見られる。そこには襲ってくる悪魔との闘いによってのみ悲劇的運命から解放される願望が垣間見られる。

物語2　ミルトン『失楽園』物語

次に**ミルトン**（John Milton, 1608 - 1674）の代表作『**失楽園**』を見ておこう。同書は１６６７年に出版されたが、ミルトンがこれを書いたのはピューリタン革命が敗北に終って、チャールズ二世の王政回復に至る中間の時期であった。彼は当時すでに完全に失明していたが、**クロムウェル**の政府の「外国語大臣」として政治的に関与してきた祖国のために、この作品を創作した。この作品は、神に反逆した堕天使サタンの誘惑によってアダムとエバが罪を犯して楽園を追放されることを描いた物語である。この作品によってヨーロッパ文学における悪魔像は巨大化し、多大の影響を今日にまで及ぼした。

そこには近代における人間の実像が反映しており、この時代に芽生えてきた人間の自律と自由の理解が根底にあって、そこから自由が、ヨーロッパの知的な伝統にもとづいて政治的領域で論じられる。その際にミルトンは自由を何よりもまず人格的な問題として、しかも最高価値である神との関係で宗教的に把捉し、強固な土台の上に基礎づけた。それはカントに至るまで白熱的に討論された問題であり、今日のヨーロッパ精神の土台を形成した。

彼は大学時代から構想していた、神に敵対する悪魔の反逆、人間の背信と神との和解を主題にする叙事詩の大作『**失楽園**』と荒野でのキリストの試練を扱う叙事詩『**楽園の回復**』(『復楽園』とも)をもって自己の思想を完成させた。その中で悪魔像だけを取り上げてみたい。『失楽園』の主題は「罪とその罰」であり、その道筋はまず人間が神に反逆し、そのため彼がそれまで置かれていた楽園をうしなう。次いで人間の堕落の主原因であった蛇、というより蛇に宿った（憑依した）サタンのことに触れる。そのあたりのことをテキストに沿ってみておこう。

サタンは神に叛き、夥しい天使の軍勢を味方に引き入れたが、神の命令によってそれらの一味徒党もろとも天国から追放され、大いなる深淵に落とされる。雷にうたれ呆然自失の体であったサタンは、天使たちとともにこの地獄の炎々と燃えさかる火の池に横たわっていたが、暫くして、そこに横たわっていた麾下の全軍勢を呼び起こす。彼は伏魔殿を造営し、全体会議を開いて、天国を奪回すべく謀議をめぐらす。サタンは最高位の大天使ではなかったが、高い天使の階級に属し、権力においても、寵愛と名誉においても偉大な存在であった。ところが御子キリストがその父なる神によって栄光を与えられ、油を注がれた王、メシアの救世主と告げられると、「嫉妬にかられ、傲慢にも御子の姿を見るに堪えないとばかり忌避し、自分が不当に貶められたと思い込んでしまった。そうなれば悪意と憤怒の念は強くなるばかりで、夜が更けて一同が寝しずまる頃を待ちかねて、暗闇に乗じ部下の全軍を引きつれて本部を撤去しようと決心するにいたった」。（『失楽園』5・664―669、平井訳、岩波文庫、上巻）。

こうしてサタンは「あらゆる点で神と同等でありたいという野望に燃えた」（『失楽園』5・776、前掲訳書）。それゆえサタンは傲慢に動かされ、嫉妬に駆られて御子に拝跪《はいき》するのを拒否した。彼はだれにも隷属しない絶対的な自由を主張し、神に反逆するにしたがって、天使としての品位を失い、次第に醜悪な姿をとる。つまり彼の意志が悪くなったのだ。そしてその歪んだ意志に合致するように、姿が次第に変わってゆくのである。その劣化はやがてグロテスクになり、品性でも悪化が進む。堕落が進むと彼は転落の一途を辿った。まず「蛇の体内に入り、その粘つく体と一つになり、その霊質を肉化し、獣化する羽目に陥るにいたったとは！」（『失楽園』9・163―171、前掲訳書）。こうしてサタンは輝く天使からしだいに堕落し、蛇の姿にまでやつれていって遂に人間が罪を犯すように誘惑するようになった。

このサタンの姿の中に「堕罪とは何か」が語られるが、その内容はアウグスティヌスが『神の国』で創造と堕罪に関して教えた思想に従っている。アウグスティヌスによると神は人間を善に造ったのに、悪魔は神の「服従者になることを欲せず、暴君のごとく自分自身の服従者をもつことを喜びたいと欲して、神から自己自身へと目を転じた傲慢な天使」（アウグスティヌス『神の国』XIV・11）なのである。ミルトンの悪魔はまさしくこの説明に一致する。彼の第一の関心は自己自身の尊厳である。悪魔は「自分の真価が損なわれたと思った」ので叛逆したのだ。そこで悪魔は傲慢を通じてエバに近寄る。彼はエバの自我中心主義をそそのかすことによって誘惑する。誘惑者は「何故これが禁じられたのですか。あなたがた神の礼拝者を低く無知にしておく以外に理由がありますか」(『失楽園』平井訳、岩波文庫、下巻、9・703—704)と誘う。これは有限な被造物の「自分の力で」存在したいという欲望に対する直接的な訴えである。

サタンは人間を誘惑して堕罪に導くために、まず「悪霊に憑かれた狡猾な蛇」の姿でエバを誘惑し、次いでエバによってアダムをも誘惑する。二人が禁断の木の実を食べると二人は自分の裸に気づき、羞恥心を覚えるだけではなく、常軌を逸した欲望の虜となった。サタンはアダムを誘惑できなかった。それは神が自由意志と理性をさずけて完璧に人間を造ったことを知っており、彼が限界を超えて神の掟を破ろうとはしなかったからである(『失楽園』9・340—357、前掲訳書)。それに反しエバはサタンに美しいとほめられ、神性にまで達することができると煽《おだ》てられると、誘惑にはまってしまった。それでもアダムはエバとの生活を愛していたために禁断の木の実を食してしまう。

アダムに対する堕罪の効果は、エバに対する効果とはまるでちがう。ミルトンによれば、彼女はまっしぐらに誤った感情に突入したのに、アダムは禁断の実を食べた後、反対の方向に向かう。アダムは世慣れた者、洒落の名人、凝った冗談の志望者であり、エバの味覚をほめて、楽園の実際の弱点は、禁断の実が少なすぎることだとさえ言う。C・S・ルイス（Clive Staples Lewis, 1898年-1963）によると、このアダムは頭の良い警句好きのやくざ者たちの父であり、エバは人を堕落させる女流小説家たちの母となってわたしたちの間にいるようだ（C・S・ルイス『『失楽園』序説』大日向幻訳、叢文社、234頁）。

ミルトンによれば、こうしてアダムとエバはお互いに無垢なときの欲望とは異なる色情を起こすようになった。禁断の実を口にして目がひらかれたとき恥ずべき悲惨と感じられたものが、今では淫らな行為が可能であるという嬉しい発見として感じられるようになったのである。性は「おまえを楽しむ」というアダムの快楽主義的な「戯れ」となり、女はその快楽の対象に成り下がり、エバが夢見た神性へのあこがれは、かえって、彼女の転落を引き起こしたのである。サタンにせよアダムとエバにせよ、増上慢（覚りや徳を体得していないのに、体得したと思って慢心を起こし、他より優れていると思うこと。）があらゆる破滅の原因である。ただし、サタンは最初に罪を犯したがゆえに、決して救われないが、人祖はサタンによって誘惑されたのだから、人間には救い主が与えられるとされる。堕天使である「最初の者たちは、自ら誘惑に陥り、自ら腐敗を求めて勝手に堕落した」のに対し、人間はこの最初の者たちによって欺かれ、堕落したからである。だから人間は恩寵を見いだすことができるのであり、それは、サタンに打ち勝つキリストによるものである。なぜならキリストは「荒野の試誘」（マタイ四1―11、本文123頁以下参照）でサタンから三つの試練を受け、信仰によって打ち勝ったのであり、キリストの神に対する徹底した信仰を見て「サタンは驚愕に打たれて落ちた」（『楽園の回復』4・562）からである。

物語3　バニヤンの自伝物語

バニヤン（John Bunyan, 1628 - 1688）は鋳掛《いか》け屋の子としてイングランドの中部にあるミドランドのベッドフォードの近郊で生まれた。自伝的な作品『**罪人のかしらに溢れる恩恵**』によると、若いときから精神的危機が始まっており、そこで彼はベッドフォードの**分離派**の信徒と出会い、その指導を受けて精神的危機を克服しようとした。彼が近隣地域で説教を始めたところ、その説教が思わぬ反響を呼んだ。そこでこの説教を著作として発表するようになった。それはバニヤンが証言しているように、自分の体験に根ざした説教として語られたものであった。バニヤンは『**律法と恩恵の教義の展開**』の序文（The Epistle to the Reader）で次のように語る。

もしあなたが救いに導くためにあなたの魂に注がれるキリストの価高い血潮を受けることが

ないならば、あなたはその確信を確かに無駄にし、その後、神の言葉が説かれ、あるいは読まれるのを聞く時が近づいても、あなたの心が頑なになっていることをはっきり示す結果になる。自分たちの霊に最初に与えられたそれらの確信に心を留めなかった人々は、（彼らに対する神の正しい裁きによるのであるが）彼らの霊が、誰の場合にも、いっそう頑なになり、いっそう無分別となり、より無感覚になり、愚鈍になるということが一般に見られる。というのは以前は御言葉を聴いて心おののき、悔い改めの涙を流し、気持ちをやわらげられた人々が、今や良心がきわめて無分別となり、きわめて無感覚にさせられ、頑なにされてしまうからである。

（深山祐『バニヤンの神学思想』南窓社、152頁参照）

そこでさらにバニヤンは「霊」の姉妹概念「良心」について次のように語り、良心の覚醒を読者の心の内に喚起しようとする。

何よりも第一に、たしかに神に栄光を帰すべきであり、あなたの確信に身をゆだねるべきであり、性急にその確信をあなたの良心から取り去ろうとしてはならない。かえって、その確信を働かせて、あなたが、信仰、希望、神およびキリストを知る知識、さらに恵みの契約のようなあらゆる恵みが生来あなた自身に欠けていることを悟って、大急ぎでイエス・キリストの許に飛翔しなさい。（深山、前掲書、151頁参照）

このような良心を覚醒しようと彼は努め、良心が無分別や無感覚となることに警告を発する。なぜなら人間の心は神の前に立つとき、良心の意識に目覚め、霊性の自覚にまで達するからである。この霊性を彼は「霊」（spirit）として語り、信仰の確信が生まれる働きと見て、冒頭で引用したテキストのように「心」、「霊」、「良心」を同義的に用いて、良心を明瞭に「罪の自覚」とも言い換えた。そして「あなたが〈罪の自覚〉（Conviction）に喜んで心を向け、耳を傾けることができるように、さらにより多くの省察を付け加えなさい」と力説し（深山、前掲書、153頁参照）、この良心の自覚によって自己の悲惨さとまた神の憐れみを感得するように勧めた。

このような彼の神学思想はどのように確立されたのであろうか。バニヤンは大学に行かず、学問の訓練を受けていなかったが、それだけに、霊性に対する純粋な認識に到達することができたともいえる。このことについてバニヤンは『罪人のかしらに溢れる恩恵』の中で体験と思索にもとづいて自ら物語っている。この作品には回心前後のバニヤンの精神的な状態が克明に記されており、信仰の確信が獲られず、絶えず悪魔の誘惑にさらされ、信仰の試練に見舞われていたことが語られる。その回心の特徴は信仰が外面的な教会に対する信仰から始まり、次第に善い業や自己の内面に向かっていくが、いつもこの世の生活の誘惑に負けてしまう弱さの自覚にある。神を信じてもこの世の誘惑に負けるため、彼の良心は極度の病的な状態に陥った。彼は罪について過敏となった。

わたしはピン一本、わら一本にさえ手を触れようとはしなかった。わたしの良心は痛みやすくなり、ちょっと触れても、ヒリヒリ痛むほどだったから。わたしはへたな言葉を使うのを恐れて、どう口を利いたらいいのかも判らなかった。ああ、この時、わたしは、言うことなすことの一つ一つに、どんなにおずおずとして暮したことだろう。ちょっと身動きしても震動する泥沼にはまりこんで、神にも、キリストにも、御霊にも、一切の善いものから取り残されたように感じた。(バニヤン『罪人のかしらに溢るる恩恵』高村新一訳、「バニヤン著作集Ⅰ」95―96頁)

彼はそこに誘惑者である「悪魔との激しい格闘の経験」を感じるようになった。このような苦闘からの救いを求めた求道の途上に彼はルターの『ガラテヤ書講解』(1531年)を読み、彼もルターと同じ霊的な試練の状況にあることを知った。彼は傷ついた良心の状態に陥り、煩悶し、深く絶望したとき、他の人はだれでも、わたしよりはよい心をもっていると考え、もしも心が交換できるものなら、だれとでも交換したいと思った。その交換をキリストとの関係で実現することによって、律法による激しい試練から良心は救われ、さらに罪責認識と救済体験との対比から神の恩恵が溢るるばかりに注がれるとも語られる。ここに恩恵がバニヤンの書物の題である**「溢れる恩恵」**(grace abounding) として、「超過」(super abundance) のかたちで把握された。ここに優れた霊性の論理が見いだされる。

物語4　レッシング『賢人ナータン』

昔から神話や伝説、さらに昔話や民話では神や神々、さらには人間の不思議な行動も超自然的な奇跡という形で物語られている。この間の事情に詳しい「昔話」の研究家**リューティ**(Max Lüthi, 1909 - 1991 専門はヨーロッパ民間伝承文学)によると、演劇にしても、たとえばギリシア悲劇を見れば明らかなように、ディオニシウスを祀る祭儀から起こっている。戯曲もその延長線上に発展してきている。ヨーロッパ中世の戯曲では復活祭劇やクリスマス劇が上演されたが、それらは聖者キリストの復活や生誕の奇跡を祝い、奇跡劇は聖者の不思議な運命をたたえている。近代にはいると**ゲーテ**の

『ファウスト』なども、その主人公を「魔女の厨」や「ヴァルプルギスの夜」のように、魔術的な奇跡の圏内に導き、黄泉《よみ》の国へ赴かせ、最後には天上界へ導く超自然的な旅を物語っている。しかしゲーテの時代には、不思議な奇跡物語に抵抗する運動が始まり、啓蒙主義がその音頭をとって指導した。こうして18世紀から19世紀にかけて**写実文学**が盛んになり、**自然主義**に傾いていった。その境界に立っているのが1779年に発表された**レッシング**(Gotthold Ephraim Lessing, 1729 - 1781)の韻文劇**『賢者ナータン』**である。そこには超自然的な奇跡物語の終焉を見ることができる(リューティ『昔話の本質』野村泫訳、ちくま学芸文庫、2—3頁参照)。

18世紀のヨーロッパ近代思想は合理主義と個人主義という二つの基本的特質を備えもっている。それは一般には「啓蒙」(Aufklärung, enlightenment)と呼ばれる思想運動となって現われ、理性に立脚する啓蒙思想によってこれまで信じられて生きた天使や悪魔の姿が消えていく運命を迎えた。そうするとデモーニッシュなものと霊性は全く喪失されるのであろうか。この点を問題にしてみよう。

先に見たようにレッシングは『賢者ナータン』の劇物語を書いた。それはイスラームとキリスト教とユダヤ教の出会いを扱い、諸宗教の相対性を説き、キリスト教の本質はすべての真の宗教と同一であり、それは愛であると主張した。しかし、この作品においては天使や悪魔が姿を消している（ところが、以下に見るように別な形でそれは問い返される）。

レッシングはこの作品のなかで偶然的な出来事を超自然的な奇跡にまで創作しようとする態度を退け、日常些細な現実の中に偉大なる神の手を捉えるという認識の大転換を敢行した。「この劇は天国も地獄も、天使も悪魔も出さないばかりか、昔から続いている奇跡の信仰に反対する態度をはっきり表明した」（リューティ、前掲箇所参照）。こうしてレッシングの『賢者ナータン』は文学と現実の世界から奇跡を締め出した。

この作品のはじめのところを少しだけ辿ってみよう。ナータンは裕福な商人であるが、旅に出ている間に家が火事がおこり、その娘レーハが若い神殿騎士によって救い出される。しかし、その救い主はどうしても見つからない。そのうちに彼女には神殿騎士の白いマントが天使の翼のように思われてくる。こうして彼女は「天使に助けられた」と言い出し、遂に奇跡を信じるようになる。彼女は旅から帰ってきた父親を説得しようとして次のような対話がナータンとレーハおよび侍女ダーヤとの間に交わされる。

レーハ　天使さまのいらっしゃることや、また神様がご自身を愛する人たちのために奇跡をお示しになるということを、わたくしに教えて下さったのはお父様ご自身ではございませんの。

わたくしは心から神様を愛しておりますわ。
ナータン　そして神様のほうでもお前を愛しておいでになる、それだからこそお前やお前のような者のために、四六時ちゅう奇跡を行なっていらっしゃるのだ。いや、もっとずっと昔からお前たちのために奇跡を行ってこられたのだよ。
レーハ　まあ嬉しい、そうでございますの。
ナータン　お前を救ってくださったお方が、本当の天使さまでなくて、ただの神殿騎士だとしても、それだからといってお前の救われたことが奇跡でないとは言えまいよ、もっともそう言ってしまうと、いかにも平凡なまるっきり当たり前のことのように思われるかも知れないがね。だが奇跡の至極といえば、真の奇跡というものはごく平凡な仕方で起こるし、また起こって然るべきだというところにあるのだよ。こういう有りふれた奇跡がないとしたら、子どもたちが奇跡だなどと囃し立てずにいられないようなものまで、いやしくも物の道理を弁えている人が、奇跡なんぞという名を与えはしなかったろうよ。
ダーヤ　まあ、旦那様ったら、そんなむつかしい理屈ばかりおっしゃって。ただでさえ昂奮していらっしゃるお嬢様のおつむがこわれてしまいますわ。
ナータン　お前は黙っておいで。ねえ、レーハ、お前を救い出して下さった方がただの人間だということだけでも、立派な奇跡じゃあないかね。それにその方がサラディン様に助命されたことだって到底小さな奇跡であろう筈がないよ。

（『賢者ナータン』篠田英雄訳、岩波文庫、17―19頁）

対話の中にある言葉、「だが奇跡の至極といえば、真の奇跡というものはごく平凡な仕方で起こるし、また起こって然るべきだというところにあるのだよ」こそ神の創造のわざに対する賛美なのであって、特別な奇跡物語を創作する必要はないとナータンは語る。それに対し娘のレーハは自分の体験を奇跡物語にして神を賛美したいと願った。このことはダーヤの異議にもよく現れている。「でも旦那様、こんなこと申しあげてなんでございますが、お救いなさったお方を天使さまだと考えても構わないではございませんか。そのほうが、測り知れない根本の原因にそれだけ近づいたという風に感じられはしないでしょうか」。しかし、これは冷静なナータンから見ると真実を曲げて誇張した感情の産物に過ぎない。

さあ、もういい。だが、信心深い夢想というものは、善行よりもずっと造作のないものだということが判ったろうね。心のきりっとしない人間に限って、信心深い夢想に耽りたがるものなのだ。ときには自分でもそういう下心に気付いていないことはあるかも知れないが。

（レッシング、前掲書、24―25頁）

感情が高ぶって奇跡物語を捏造するのではなく、神の創造のわざを自然の中に洞察しなければならない。「捏造」と「創造」とは正反対の行為である。捏造は「鉄の壺を銀の壺」と思い込み、「それだけ神様に近づいたと感じる」ような感情的な思い上がり、つまり「慢心」なのであって、空想的な子どもじみた態度であると叱責される。そこでナータンは娘の夢想を冷ますために、神殿騎士が病気になっていると言って、彼が単に人間に過ぎないことを娘に自覚させる。その対話で彼は次のように語っている。

ナータン　いや、お前の方がその方を殺したんだよ。こんな風にして殺し兼ねなかったのだ。ねえ、レーハ、わしがお前に遣《や》るのは毒ではなくて薬なんだよ。さあ、しっかりおし、またご病気でもあるまい。いや決してご病気ではないよ。

レーハ　きっとね。お亡くなりになったんじゃないわね。ご病気でもないわね。

ナータン　そうだとも、お亡くなりになるものかね。神様は善行には必ずお報い下さるよ、こ

の世でしたことはやはりこの世でね。（レッシング、前掲書、24―25頁）

これに続けて冒頭に引用した言葉が続く。ナータンは娘にその活発な空想力の産物「信心深い夢想」に陥っている状態から現実に目覚めさせていく。こうして「天使の奇跡」を創作するような空想力をして人間としての有限性の自覚に導くために、まずは「騎士は病気かも知れない」という想像をかき立てた。成熟した人は事柄の本質を理解できるのであって、奇跡が必要なのは未成熟な子どもたちである。実際、昔話も神話や伝説に劣らず奇跡的な世界を描いている。しかし、そこでの物語は一つの真実な世界を象徴的に指し示しているのであって、それなしには人は人生を全うすることができない。事柄の本質を理解できる人には自然の出来事の中に神の手を感じ取ることができる筈である。そこに霊性の導きによって統制された理性の働きが、人間としての成熟した理性の作用が要請される。それゆえレーハは人間として理性的にも成熟することによって癒されたのである。

こうした創作によってレッシングは、信仰の必然性と歴史的「実定的」媒介の必然性を排斥しないで、むしろそれをはっきりと理性の内に取り込んでいる。もちろん、そうした媒介や歴史というものは、教育的理由から見たときに必要な道筋と言える。

物語5　ゲーテ『ファウスト』

この作品に登場する主人公ファウストは16世紀の伝説的人物である。伝説上のファウストは知識を利己的な目的のために利用した学者で、魔術や妖術までも行使する人物として言い伝えられていた（マーロウ〔1564 - 1593〕はその『ファウスト』で人間としての分を越えた理性に生きる「出過ぎた才子」として描いている）。**ゲーテ**の『**ファウスト**』では冒頭で書斎で独白するところにその人物像が明白に示される。「ああ、こうしておれは哲学も、法学も医学も、いまいましいことに役にもたたぬ神学まで、あらんかぎりの力を絞って、底の底まで研究した」（『ファウスト』悲劇第1部、手塚富雄訳、中公文庫、35頁）。ここにあげられている学問は中世の大学の全学部に相当する。彼はこの知識を引っさげて学生たちに巨匠のごとく君臨していた。ここにはルネサンスに特有の万能人の姿が浮き上がってくる。しかし知識がどんなに広大で深遠であろうとも、理性だけで人は生きることはできない。心中に感性と欲望とが渦巻いていてこそ、人間といえるであろう。したがって一方には理性が、他方には感性が、ファウストの心を引き裂くことになる。こうした二元的に分裂した人間像こそファウストの中に見られる姿である。

確かに理性は神からの光であっても、現実には人間はその正反対な生き方に転落し、理性と獣性(感性)とに引き裂かれた人間像が生まれる。ファウストは次のように言う。

ああ、おれの胸には二つのたましいが住んでいる。その二つが折り合うことなく、たがいに相手から離れようとしている。一方のたましいは荒々しい情念の支配に身をまかして、現世にしがみついて離れない。もう一つのたましいは、無理にも埃っぽい下界から飛び立って、至高の先人たちの住む精神の世界へ昇っていこうとする。(前掲訳書、83頁)

ところでファウストは魔法の力を使って精神の高みに上昇しようとしても、大地の霊に「お前はおれに似ていない」と言われて、絶望し、自殺を決意する。そのとき復活節の鐘の音を聞いて、死を思い止まり、祭りに出かけた帰り道に、むく犬の姿を借りて近づいてきた悪魔と結託し、世俗の世界に入っていく。彼が悪魔と契約した次のことばに近代人の本質が美事に表明されている。

おれには快楽が問題ではない。おれは陶酔に身をゆだねたいのだ。悩みに充ちた享楽もいい、恋に盲いた憎悪もいい、吐き気のくるほどの歓楽もいい、さっぱりと知識欲を投げすててしまったこの胸は、これからどんな苦痛もこばみはせぬ。そして全人類が受けるべきものを、おれは内なる自我によって味わいつくしたい。おれの精神で、人類の達した最高最深のものをつかみ、人間の幸福と嘆きのすべてをこの胸に受けとめ、こうしておれの自我を人類の自我にまで拡大し、そして人類そのものと運命を共にして、ついにはおれも砕けよう。（前掲書、125頁）

ファウスト的人間像はここに内なる自我の激烈な衝動に駆られて自律する姿とそこから生じる運命に基づいて描かれる。しかもこの自我は、本質において力であり、不断に拡大して止まない膨張力であって、これこそ近代資本主義社会を推進させている経済力に固有なものであり、これによって経済と人間とを結ぶ運命が近代人に宿ることになる。しかも彼はこの運命を予感して「ついにはおれも砕けよう」と言って、この宿命を自己の意志によって内に招き入れようとする。近代人の自我は実に人類大にまで膨張し、その可能性のすべてを味わい尽くして、自己破壊を引き起こすほどの恐るべき力をもっていることが語られる。

『ファウスト』の悲劇は自己の欲望によって引き寄せられるものである。ここには近代人の歩みが典型的に描かれている。つまり、『ハムレット』や『ドン・キホーテ』と異なり、ファウストには社会との関係性が欠如し、代わって果てしない自己追求が前面に現れる。しかし、無限の自己実現こそ彼の願いだが、それが事件小説のように破綻し、この滅亡の深淵から宗教的な救済が求められる。こうして自己を超越した宗教的な次元、つまり人間の垂直的な高みが霊性として甦って来る。ここで、終結部(第二部の終幕)における、ファウストの救済という壮麗《そうれい》な場面を紹介しよう。

永遠なる女性的なもの、
われらを高みへ引き行く。

ゲーテが生涯をかけた愛についての思索がこのことばに結晶しているといえる。だが、その意味を理解するためには、この直前の個所で、聖母マリヤが、ファウストの愛人であったグレートヒェンに語りかけるやさしい心のこもったことばに注目する必要がある。

輝く聖母(かつてグレートヒェンと呼ばれた贖《しょく》罪の女にむかって)
さあおまえ、もっと高いところにお昇り!
おまえがいると思うと、

その人はついてくるから。

グレートヒェンはファウストへの愛のゆえに思いもしなかった犯罪者となった。恋ゆえに母と兄と子を死なせグレートヒェンは死刑になった。しかし彼女は罪を悔い、聖母にすがる信仰心によって、こんどは愛するファウストの救いを願うのである。この愛が男性を高めて救いに導く。ここまでくると、ロマンティックな愛は、もはや夢見る空想の境を完全に脱して、人間の現実に深く根を下ろしている。

物語6　ドストエフスキーの劇詩「大審問官物語」

ドストエフスキーは「もし神が存在しなければ、すべてが許されるだろう」と主張する立場を**人神の思想**（人間が神であるという思想）としてとらえ、ヒューマニズム的人間讃歌をそのラディカルな帰結にいたるまで導いてゆく。人神の思想を表明しているのは『悪霊』のスタヴローギンやキリーロフとか『**カラマーゾフの兄弟**』のイワンの立場である。ここではイワンについて考える。

イワンは長兄ドミトリイにとって「墓場」であり、弟のアリョーシャにとって「謎」である。この「墓場」にして「謎」という二つの言葉のなかにイワンの内心が明らかになっている。イワンでは人生と世界はもはや生きる価値のない墓場にすぎない。たとえ神を認めるにしても、神が創った世界にはあまりにもひどい悲惨と悪が蔓延している。たとえ「教養あるヒューマニスティックなヨーロッパ人のような顔」をしていても一皮はげば、中身は野獣以下である。現実の此岸は墓場だ。ところがイワンはこの墓場の世界になおしがみつき、生への絶望的すがりつきによって生きている。ここにイワンの「謎」がある。

イワンは恋愛に失敗し、絶望的になっているが、どんなに絶望しようとも、人生の杯をすべて飲みほさずにはやまない激しい生活欲をカラマーゾフ的特性としてもっている。彼はこの燃えるような生の衝動にかられ、知性や論理以前の生に従おうとする。知性は絶望し論理は通じなくとも、墓場の世界のなかで、自分は生きているという感動に酔いしれたいのである。

これは本質的に善悪の彼岸に立って肉欲の刺激にのみ生きようとするスタヴローギンと同じ生き方である。感じられるのは自己の生と力のみであって、この感覚が墓場をも貴重なものとなしている。他者は不在であり、世界はそれ自体における意味をもたない。ここに自律に立つヒューマニズムのラディカルな帰結としての**ニヒリズム**が見られる。

アリョーシャはイワンとの対話のなかで、兄の人生に対する愛をひきあげ、人間によってあらかじめ規定された人生の意義を超えて人生そのものに対する愛に高めようと試みる。イワンは、人生は意味のない墓場であっても、なおそこに意義があるというのだが、アリョーシャによれば人間の知性や論理でつくられた人工的世界の仮象を突破して、かえって人生自体から学ばねばならないのである。ところがイワンは悲惨が満ちた人間の世界はけっして贖われることはない、たとえ「唯一の罪なき人」、キリストが多大の犠牲をはらったとしても、また自分の考えが間違ったとしても、人生の苦悩は癒されるものではないと述べて、彼の劇詩「大審問官」の物語に移ってゆくのである。アリョーシャはこのような兄の頑迷を「謀反」と呼ぶのであるが、イワンが体現する無神論的ヒューマニズムは現実世界の悪にどこまでもとどまろうとする現実的ヒューマニズムである。このヒューマニズムは大審問官の姿のなかに実現している。

大審問官は16世紀のカトリック教会の化身であるといえよう。このカトリックの教権組織によって保証された自由はキリストが与えようとした「**良心の自由**」とは本質的に異なっている。大審問官は人間性の邪悪なること、無力で背徳的であり「暴虐を性《さが》とする存在」であり、まったくの奴隷であることを力説し、これに対処する最善の方法はパンと奇蹟と権力支配であるといぅ。しかるにキリストはこの三者を荒野の誘惑で、悪魔から試みられたとき、すべてしりぞけてしまった。ところが大審問官は悪魔と結託し、キリストの事業に訂正を加え、奇蹟・神秘・教権の上にそれを建設した。彼はキリストが人間に与えようとした「良心の自由」が選ばれたほんの少数者によって理解されたとしても、大衆はまったく理解できないだけではなく、かえってキリストに敵対する源になるだろうと説く。その語るところはこれまで考察してきたヒューマニズムの問題と深くかかわっているので引用してみたい。大審問官はキリストにいう。

見よ、貴様は人々の自由をわが手に支配するどころか、一層これを大にしてやったではないか。……良心の自由ほど魅惑的なものはないけれども、同時にまた、これほど苦しい要素はないのじゃ。……まさしく貴様は人間の自由を支配するどころか、さらにこれを増してやり、人間の心の王国を永久に、その苦しみにとざしてしまったではないか。貴様は貴様にそそのかされ、とりこにされた人間が、自由意志によって貴様についてくるように、自由の愛を人間にのぞんだ。その結果、人間は、確固たる古来の掟をふりすてて、爾後《じご》おのれの自由意志により、自分で善悪を決定せざるを得なくなった。……だが、しかし、はたして貴様はこんなことを考えなかっただろうか？　もしも選択の自由といったような怖ろしい重荷が人間を虐げるならば、かれらはついに貴様の姿をも、さらには貴様の真実さえも排撃し、これを誹謗《ひぼう》するにいたるだろ

う、という風にじゃな。（原久一郎訳、新潮文庫、226頁）

ここに語られているのは、キリストが与えた「**良心の自由**」が大衆によって誤解され、自由意志を乱用して、キリストに反逆するものになるということである。キリストが授与した良心の自由は実存的宗教的なものであるが、これが人間的なる選択の自由として大衆を悩まし、結局はキリストに反逆した無神論的結果へ導くものであると説かれている。キリストが与えようとした良心の自由は自由意志として受けとられ、自己主張欲へと変質してゆかざるを得ない。それというのも人間性が謀逆を性とする奴隷的状態にあるからである。それゆえ、かかる大衆に良心の平安を与えるため大審問官は教権組織によって良心を拘束し、権力支配を確立するにいたるのである。このようにしてのみ大衆人としての人間は人間的自由を享受しうるのである。

しかし、このような組織へと服従することによって達せられる自由は良心の自由ではない。イワンは世界を墓場であると前に考えていたが、ここでも人間性の悪のゆえに政治的組織と権力の支配によってしか幸福になり得ないと判断している。イワンの世界は大衆としての人間の世界であり、彼は人間性の限界内で可能なかぎり生きようと努めている。

こうして人間の自然の傾向性を解放し衝動を満たすことによって人間的自由は実現しうるに

すぎないのである。だから一方では権力を、他方では大衆の傾向性と衝動に従うことによって、現実に自由を実現しうると大審問官は考えている。このことはこの劇詩の背景である16世紀ルネサンスの時代傾向にぴったり一致している。ルネサンス・ヒューマニズムの代表者**エラスムス**においても、自由意志は人間的自然の傾向性に対する肯定として説かれたのであった。他方、**ルター**の良心の自由は、反対に、自己の邪悪な罪の本性からの解放を意味し、自然的傾向性の否定であった。

それでは、**ドストエフスキー**がイワンを通じて語った「もし神が存在しないならば、なんでも許されるであろう」という**自由**はどのようなものであろうか。人間の現状を見て、神の存在の無意味さを知るだけに徹するならば、自己の欲望のままに生きる自由が残るであろう。のちに**サルトル**が説く自由はこの人間的限界内における自由にすぎない。しかし神への信仰により欲望から解放されるならば、自己の傾向性からも自由になって、世界をまったく新しく見、アリョーシャのように人生そのものを愛し、そこから学びながら生きることができよう。

イワンが語る劇詩大審問官で、ドストエフスキーは、無神論的ヒューマニズムが、結局は権力主義に陥り、人間の自由が隷従に向かわざるを得ないことを明らかにした。彼は**パスカル**のいう「**神なき人間の悲惨**」を追求し、無神論を最終的帰結まで導いてゆき、イワンが発狂し、スタヴローギンが自殺し、自己破壊を生みだす宿命を描きだしている。そこにはギリシア悲劇作家たちがとらえた人間存在の悲劇性に対する認識がふたたびあらわれ、警告が発せられているといえよう。わたしたちはここに近代ヒューマニズムの終焉を見ることができる。

だが同時にゾシマ長老やアリョーシャが語る神人の思想（イワンらの言う**人神の思想**のように人間が神なのではなく、神のほうへと人間が高められるという思想）には近代のヒューマニズムの終焉をとおりぬけて、その悲劇性を超克する方向も示されている。アリョーシャらの**神人の思想**はルターの説く「**神の人間性**」と一致しているといえよう。

X　現代思想との対決

現代思想の特質

一般に近代は16世紀から始まるとみなされている。この世紀の最初の時期に起こった宗教改革と近代思想についてすでに考察してきた。また近代の歩みを辿ってきておよそ次のことが明瞭となった。まず、その時代に芽生えてきた自我の自覚が合理主義と個人主義を生みだし、その強烈な主体性によって啓蒙主義の道を開いた。さらに人々は宗教からの解放をも要求し、それも実現した。このことはキリスト教の影響力の衰退を引き起こし、人間中心の思想を生みだした。こうして最高価値である神をも否定する現代の無神論とニヒリズムの世紀が到来した。この近代精神史の上できわめて重要な意義をもつ経過を通じて、近代的人間像のなかに内在していたこうした問題点にわたしたちははっきり気づくようになった。

現代の無神論とニヒリズムは、その代表者サルトル（Jean-Paul C. A. Sartre, 1905 - 1980）の思想によって典型的に示されているように、「神の死」を宣言し、人間が神から全く自由であり、自分の力でもって自己を創造することができると宣言するようになった。しかし、同じことを文学的に描いたドストエフスキーのニヒリズムこそ、現代のヒューマニズムの仮面を剥奪するものとして注目すべきであろう。「もし神がいないなら、何をしてもかまわない」といった自由の追求がいかなる破滅をもたらすものであるかを彼は暴露した。彼によると、こういうことが起こる根源は、ほかでもない人間の本性が悪質なものであり、その悪質さは幼児虐待に典型的に描かれる。教養ある人でも一皮剥げば、狼にも等しくその性質が残虐で卑劣であり、現代人の唯一の思想ともいえる人間中心主義的なヒューマニズムはまったく空疎であることを告発する。

確かに、近代ヨーロッパに起こったキリスト教信仰の蔑視と世俗化の波は、キリスト教信仰とその霊性の理解に破壊的作用を及ぼし、無神論とニヒリズムを引き起こした。しかし霊性を完全に抹殺することはできなかった。それは先に指摘したドストエフスキーの思想をニヒリズムの観点から再考してみれば、自ずと明らかとなろう。

物語1　ドストエフスキーと近代的自我の破綻

ドストエフスキーはこれまで解説してきたように、近代的自我の問題性をニヒリズムの観点から解明した類《たぐい》いまれなる思想家にして偉大なる創作家ではなかろうか。現代は**ニヒリズムの世紀**であるといわれる。一般的にいって、ニヒリズムは最高価値の喪失と定義され、ヨーロッパではキリスト教的価値体系の喪失、つまり「神の死」を意味している。今日の無神論とニヒリスティックな生活感情とは、永いあいだの時代の流れによって必然的に生じてきている世紀の病ということができる。こういう時代的特徴を適切にとらえてニヒリストを如実に描いた作家でドストエフスキーに優る人はいないように思われる。たとえば『**悪霊**』のスタヴローギンや『**カラマーゾフの兄弟**』のイワンといった人物像のなかにニヒリストの真髄が見事に描き出されているといえよう。

彼が描いたニヒリストの特質はどこに認められるであろうか。ニヒリストは最高価値たる神の存在を認めないいゆえに、道徳的判断の基準が相対化し、善悪の区別が消滅している。また、ニヒリストは一般の道徳的感情を踏み越える一方で、たとえ人生に絶望しても、なお燃えるような激しい生の衝動にかられている。だから、イワンは知性が暗くなり、論理が通じなくとも、自分が生きている感動に酔いしれることのみを追求してやまない。スタヴローギンの方は情欲の世界に陶酔することのみを求めて、卑劣の限りをつくしても生き続けようとする。この人物は能力もあり、心も優しく、美貌の持ち主である。彼のまわりには女性たちが群がり集まるが、すべてその欲望の犠牲にされてしまう。

欲望は悪無限である。ただより激烈で刺激的な欲望のみが彼を生へとかりたて、いっそう重大な犯罪へと向かわせる。彼はニヒリストであるから善悪を区別する道徳意識が喪失している。神という絶対者を否定し、自己を絶対視せざるをえない。人神思想の立場にたって自己だけを絶対的基準として神に祭り上げる者は、あらゆる外的な道徳を超えており、何をなしてもかまわないわけである。実際、近代的自我は、デカルトのコギトがそうであるように、自分以外の他者を信頼しそれに寄りかかって生きるような拠り所をもっていない。そのため他者を全く無視して自分の快感、つまり陶酔感にのみ生きる道を求めざるをえない。このような近代人の姿をドストエフスキーはスタヴローギンやイワンによって描いているといえよう。

スタヴローギンをはじめ、ドストエフスキーが描くニヒリストたちの人間像は、近代的人間の究極的形姿をその運命とともにきざみこんだといえるであろう。つまり、近代人が自我にのみ寄り頼んで、他の一切の拠り所を断ち切ったときにたどり着く終末を描いたのである。その際には、近代人の自我が他者や世界、そして絶対者との関係を断ち切って、自己にのみ閉じ込もる排他的自己肯定がどれほどの諸悪の根源であるかが描かれる。この排他的自己肯定は主体性という美名によって近代的人間のすぐれた特質として賛美されてきたものであるが、そこには恐るべき罪性が隠されていたというわけである。

物語2　キルケゴールの「死にいたる病」における霊性の復権

キルケゴール（Søren Aabye Kierkegaard, 1813 - 1855）は自己の時代を「**解体の時代**」と呼んだ。19世紀の特徴は、この言葉に端的に示されているように、人間がもはや自分の生を秩序づけてゆくべき絶対的目標をもたず、科学的哲学的自己確信のゆえに、永遠の価値に対する信仰も失った点に求められる。ルネサンス以来次第に顕著になってきたこの傾向は、哲学ではヘーゲルにおいて頂点に達し、絶対知により真理の全体を捉え、人間の知は神の知に等しくなる。こうして永遠への信仰が失われ、人間は歴史的に規定された時間的産物にすぎないとみなされた。これに対決し、キルケゴールは現実存在の深みから「わたしにとって真理であるような真理を発見し、わたしがそのために生きそして死にたいと思うようなイデーを発展することが必要なのだ」と若き日の**ギーレライエ**（デンマークの保養地）**の手記**に記録されている。このように一切を時間の中に解体していく時代精神に対抗して、キルケゴールは、人間が信仰によってのみ永遠なる真理を自己のものとなしうるという、キリスト教の主張を対置する。ここから時間と永遠、有限と無限、身体あるいは魂と霊、必然と自由という二つの全く矛盾する対をなしている普遍的本質から人間が構成されていると説かれるようになった。

キルケゴールが捉えている人間は神の前に立つ単独者としての実存であり、この実存の立場からヘーゲルの哲学体系を解体しようと試みた。**マルクス**はヘーゲル哲学の中の非キリスト教的要素を強調したヘーゲル左派に属していたのに対し、キルケゴールはヘーゲル哲学とルター派のキリスト教の教義との一致を信じた右派のデンマークの監督**マルテンセン**に攻撃を加え、キリスト教世界でいかにして真実のキリスト者となりうるかを自己の探求目標として立てた。

実存的な思想家として彼は人間の本質を思弁的「認識」にも、道徳主義的「行為」にも、ロマン主義的「体験」にも依存せしめないで、主体的な「信仰」においてとらえ直した。彼は代表的著作『**死にいたる病**』の本論の初めのところで人間を「**関係としての自己**」として捉え、次のように語った。

人間は精神である。しかし、精神とは何であるか。精神とは自己である。しかし、自己とは何であるか。自己とは、ひとつの関係、その関係それ自身に関係する関係である。あるいは、その関係がそれ自身に関係するということ、そのことである。自己とは関係そのものではなくて、関係がそれ自身に関係するということなのである。人間は無限性と有限性との、時間的なものと永遠なものとの、自由と必然との総合、要するにひとつの総合である。

（『死にいたる病』桝田啓三郎訳『世界の名著』435―436頁）

ここではヘーゲル的な「精神」が「自己」として把握し直され、この「自己」の規定には「無限性と有限性」、「時間的なものと永遠的なもの」、「自由と必然」という関係として自己の内なる要素が静的に措定されており、これを前提として自己は、この関係に「関係する」。つまり自己は態度決定によって、決断という動的な行為によって、自己自身を形成する。したがって、このような自己内関係において決定的に重要なことは、自己が自己自身に対して一定の態度決定をすることであって、それは対象に対して距離をおいて冷静に観察するという傍観者的な態度ではなく、「思惟するもの」としてのデカルト的自我でも、カントの超越論的主観性でもない。

この観点から、自己は「もの」としての実体ではなく、「関係する」行為者、つまり決断する主体性として把握された。これが先に挙げた無限性と有限性という「対立する両項の間で決断する」新しい「精神」の理解である。さらにキルケゴールの人間学的前提からすると、人間は「心身の総合として精神」である。彼は心身を総合する精神から人間学の三分法について次のように明言する。「人間はだれでも、精神たるべき素質をもって造られた心身の総合である。これが人間という家の構造なのである。しかるに、とかく人間は地下室に住むことを、すなわち、感性の規定のうちに住むことを、好むのである」と。ここに「精神・心・身体」の三者が明瞭に区分されている。問題は精神である霊のあり方であって、これが心身にどのように関係するかという形で中心問題が立てられた。

この「精神」こそここに「自己」として語られているものであるが、『死にいたる病』全編の叙述によると、精神は自己の内なる関係において何らかの不均衡に陥るとき、絶望と苦悩の状態に陥る。そのさい「精神」は「身体」と「魂」に対して総合する第三者ではあっても、このような関係に精神を置いた永遠者、つまり神との関係において、絶望を克服することが可能となる。このような神的可能性が「信仰」にほかならない。ここでの「精神」(Geist) は人間学的には神との関係に立つ「霊」とも訳すことができる。しかもこの精神はヘーゲルを通過することによって「行為」という動的な作用となっており、自己内関係という水平的関係ばかりか同時に神関係という垂直的次元をも内包しており、立体的構造の中で質的に飛躍する「信仰」を秘めている。

こういう「精神」こそキルケゴールの「霊性」を意味する。

したがってキルケゴールの霊性は心の単なる認識機能としてではなく、神との関係を決断的に生きるか否かという主体的特質を帯びている。これは信仰をも言い表すがゆえに、キリスト教的な「霊と肉」の関係に立たされる。そうすると「心身の総合としての精神（霊）」は単に魂と身体を媒介するばかりか、「霊・肉」の実存的規定をも受け取っていることが知られる。

したがってキルケゴールの「関係としての自己」には「自己内関係」と「神との超越的関係」との二面があり、『死にいたる病』では前者の心理学的な解明から後者の神学的な解明に進んでいる。それゆえ自己が決断の主体的行為によって本来的な自己となるのは、永遠者なる神との関係の中で遂行される。この宗教的実存において絶望が根絶された場合の自己の状態は、「自己自身に関係し、自己自身であろうと欲することにおいて、自己は自己を措定した力のうちに透明に根拠をおいている」と定義され、これはまた「信仰の定義」でもあると説かれた。

キルケゴールの実存思想の意義は理性の概念的立場からは決して捉えられない単独者としての実存を主題として哲学的思索をなしている点に求められる。憂愁・不安・絶望・罪・死などによって人間は全体として憂愁な気分の情態に置かれる。

しかし、わたしたちはここで問うてみなければならない。良心において感じられる絶望は死によって自由となるであろうか、と。たしかに良心のやましさは自虐的に自己破壊に向かう傾向をもっているにしても、生に絶望した人が死を希望するとしたら、そのような絶望はいまだ甘さを残しているのではなかろうか。キルケゴールが説いているような「死病」としての絶望は死にいたるまで永遠に呵責するものであるから、そこでは死ぬことにも絶望が覆ってしまうことになる。

しかし、絶望みずからが欲することとは、自己自身を食い尽くすことであるが、これが絶望にはできないのであって、この無力さが自己食尽のひとつの新たな形態となる。しかし、この形態の自己食尽においても、絶望はやはりその欲するところを、すなわち自己自身を食い尽くすことを、なしえない。それは絶望の自乗、あるいは自乗の法則である。これは絶望を焚きつけるもの、あるいは、絶望のなかの冷たい炎であり、絶え間なく内に向かって食い入り、だんだん深く自己食尽のなかへ食い込んでいく呵責なのだ。(「死にいたる病」前掲訳書、442頁)

したがってやましい良心はわたしたちを絶望と死に追いやるだけでなく、死ぬこともできない病《やまい》として絶望の度合いを高めてゆく。こうして、「呵責する絶望のなかの冷たい炎」は地獄の責め苦として良心に感じとられるようになる。

キルケゴールの天才的能力はこのように気分づけられている人間の存在を美的・倫理的・宗教的実存として明瞭な規定を与えたところに発揮された。こうしてヘーゲルの理性的で概念的な思弁哲学は実存へ解体されることになった。それゆえ、キルケゴールの実存思想の強調点は単独者、一人ひとりの個人となる点に置かれた。このように個人の実存的な自己となることを求めている限り、それは個人の自主独立性、もしくは自我の発見に出発した近代思想の極致であるが、そこには個人の宗教性（つまり霊性）が、彼が「公衆」と呼んだ大衆の水平化による挫折をくぐりぬけ、それを突破して、本来的存在へと回復されることが求められた。このような宗教性の主張は単独者それ自身を決して自己目的としているのではなく、単独者が自覚的に神の前に立つため、また神および他者との本来的人間関係を回復するためという、明瞭な対他的目的をもっていた。単独者となることはこの目的にいたるために通過しなければならない条件なのである。

このようにしてキルケゴールの実存思想の特質は、近代の終末を物語る大衆の出現を預言者的洞察の下に見ぬき、大衆社会の中に埋没し、「**実存なき現存在**」（ヤスパース Theodor Jaspers, 1883-1969）として自己を喪失している人格の尊厳を取りもどそうと激しい戦いを挑んだ点にある。こうしてキリスト教世界の中にあって、いかにしてキリスト者と成るかを最大の課題としたキルケゴールこそ、近現代における**霊性の回復者**であるといえよう。しかも主体性の時代を通過することによって霊性を単に感性と理性の上位に立てるだけではなく、感性と理性を総合する動的な第三者として把握し、心身の関係における行為的決断によってその都度、愛のわざに向かう存在として霊性を把握した。このように彼は霊性の復権を説いた優れた思想家であった。

物語3　ヴェーバーの「亡霊」に見る霊性の問題

マックス・ヴェーバー（Max Weber, 1864 - 1920）は、第一次世界大戦の後、敗戦で絶望的な状態に置かれた人々に対し、ミュンヘン大学でおこなった講演『職業としての学問』の末尾で次のように語った。

今日、究極にしてもっとも崇高な諸々の価値は、悉く公の舞台から引き退き、あるいは神秘的生活の隠れた世界の中に、あるいは人々の直接的な交りにおける人間愛の中に、その姿を没し去った。これは我々の時代、つまり合理化および主知化、とりわけあの魔法からの世界解放を特徴とする時代の宿命である。かつて嵐の如き情熱をもって幾多の大教団を湧き立たせ、かつ、これらを互に融合せしめた預言者の霊（プネウマ）に相当すべきものは、今日ただもっとも小規模な団体内での交りの中にのみ、しかも最微音をもって脈打ってゐるにすぎない。このことはいづれも理由がないわけではない。……このことから我々は、いたずらに待ち焦れているだけでは何事もなされないという教訓を引き出さう、さうしてかうした態度を改めて、自分の仕事に就き、「時代の要求」に――人間的にもまた職業的にも――従おう。このことは、もし各人がそれぞれその人生を操ってゐる守護神（デーモン）をみいだし、かつ、それに従うならば、極めて容易に行はれうるのである」。（『職業としての学問』尾高邦雄訳、岩波文庫、70―73頁改訳）

そこには「霊性の証言」が提示され、かつて大集団を導いた預言者の「霊」（プネウマ）は今や小集団の内に限定され、その働きも「最微音」によってしか気づかれないと言う。しかしかつてギリシア人の善い守護神であったダイモンに従うならば、その導きによってわたしたちは悲惨な人生の戦いをも生き抜くことができる。このように語ったヴェーバーはやはり現代における霊性の覚醒者の一人ではなかったか。

彼の有名な書物には『**プロテスタンティズムの倫理と資本主義の精神**』があり、この書の前半はプロテスタンティズムが新しい職業観が近代社会に与えた影響を論じ、後半はその職業観を支えていた「**精神**」が宗教的生命を喪失して「**亡霊**」となったことを学問的に考察している。ここではその書の後半に考察された「亡霊」に注目したい。

では「精神」が「亡霊」となる変化はどのようにして起こったか。ヴェーバーはその書の後半になると宗教倫理が資本主義によって世俗化されるプロセスを論じて、次に挙げる三つの観点から世俗化を主張した。

その１　禁欲による合理化と富の蓄積　資本主義の生産様式においてこの世の楽しみを捨てて職業にいそしむ精神つまり禁欲が重要な役割を演じた。禁欲は不正に対してばかりでなく、純粋に衝動的な物欲とも戦ったが、富裕となることを目的としなかったのに、その結果として富を蓄積せざるをえなかった。したがって禁欲は「つねに善を欲しつつ、つねに悪を作り出す」(シェイクスピア『マクベス』の魔女のことば)力であった。そこには「富を目的として追求することを邪悪の極致としながらも、〔天職である〕職業労働の結果として富を獲得することは神の恩恵だと考える」ような矛盾が見られる。こうして禁欲による消費の圧殺と富の形成を救いの証とすることが結合すると、「禁欲的節約強制による資本形成」が生まれる。そこからニューイングランドでもオランダでも、「真剣な信仰の持ち主たちが、巨大な富をもちながら、一様にきわめて簡素な生活にあまんじていたことは、度はずれの資本蓄積熱をもたらした」(『プロテスタンティズムの倫理と資本主義の精神』大塚久雄訳、岩波文庫、344―345頁)。こうして神と富とに兼ね仕えることは不可能であるから、神への信仰によって富が増すようになると、信仰の「腐食現象」と言われている世俗化も必然的に起こったのである。

その2　ピューリタニズムの人生観と資本主義

こうした信仰の世俗化が生じたのは、プロテスタントの中でも信仰の内面性を強調したルター派が支配的であった国々ではなく、行動的なカルヴァン派が浸透していった国々、とくにピューリタニズムの人生観が行き渡った国々においてであった。そこでは市民的な、経済的に合理的な生活態度へ向かおうとする傾向が単なる資本形成の促進よりもはるかに重要な働きをもたらした。「ピューリタニズムの人生観は近代の〈経済人〉の揺籃をまもったのだった」。その生活理想は富の「誘惑」という強大な試練に対してまったく無力であった。ピューリタニズムの精神の純粋な信奉者たちは、興隆しつつあった小市民層や借地農民層のあいだに見いだされ、その中の「恵まれた裕《ゆた》かな人々」(beati possidentes)は禁欲的で質素な生活という旧い理想を否定する傾向にあった。富が増すところに信仰の堕落が生じるのは歴史的にも絶えず見られる現象であって、世俗内的禁欲の先駆者であった中世修道院の禁欲がくりかえし陥ったのとまったく同じ運命だった。ピューリタニズムの世俗内的禁欲の場合にも、それと同じことが壮大な規模で起こった（前掲訳書、351頁）。

その3　宗教的生命の枯渇としての世俗化と世俗主義化した「末人」の運命

ヴェーバーがとくに注目するのは宗教が生命を失って世俗化するプロセスである。彼によるとそれが経済への影響力を全面的に現わすのは、「通例は純粋に宗教的な熱狂がすでに頂上をとおりすぎ、神の国を求める激情がしだいに醒めた職業道徳へと解体しはじめ、宗教的根幹が徐々に生命を失って功利的現世主義がこれに代わるようになったとき」であり、それを比喩的に表現すれば、**バニヤンの『天路歴程』**に登場する「巡礼者」が「虚栄の市」を通って天国に急ぐ内面的に孤独な奮闘に代わって、「**ロビンソン・クルーソー**」つまり同時に伝道もする孤立的経済人が姿をあらわしたときなのである（前掲訳書、355頁）。逆説的であるが、しかし、そもそも強力な宗教的な生命がなければ世俗化も生じないのである。世俗化が起こる瞬間とは、まさに宗教的な生命がその頂点に到達し、そこから下降するときであり、そのときに宗教が生んだ子ども（経済的発展）が親の地位を簒奪《さんだつ》し、没収することによって権力の交替が実現する。それゆえ世俗化は権力の「簒奪」や「没収」に他ならないといえよう。その結果「世俗的職業を天職として遂行する」禁欲の精神はかつての宗教的信仰の「亡霊」としてわたしたちの生活の中を徘徊する。こうして職業活動はもはや最高の精神的文化価値（信仰・天職）との関連を見失い、単なる経済的強制としてしか感じられないし、当然、営利活動は宗教的・倫理的な意味を喪失し、今日のマネー・ゲームのように、純粋な競争・スポーツの遊戯的感情に結びつく傾向を示している。こうした文化発展の最後に現われる「末人たち」（die letzten Menschen）にとっては「精神のない専門人、心情のない享楽人。この無のものは、人間性のかつて達したことのない段階にまですでに登りつめた、と自惚れるだろう」という言葉が真理となるのではなかろうか、とヴェーバーは警告している（前掲訳書、364―366頁）。つまり、かつて宗教的な生命にかつて溢れていた「精神」は、いまやその内的生命を枯渇させ「亡霊」となってしまったというのである。

物語4　シャミッソーの『ペーター・シュレミールの不思議な物語』

シャミッソー（Adelbert von Chamisso, 1781-1838）の『ペーター・シュレミールの不思議な物語』（1814年）は自分の影を売った男の話である。この物語は、ヴェーバーが説いた「末人たち」、つまりかつての宗教的な霊的生命を喪失して「亡霊」となった現代人の姿を良く如実に表現している。「影をゆずってはいただけませんか」と灰色の服を着た謎に満ちた男にこわれて、シュレミールは自分の影と引き替えに「幸運の金袋」を手に入れるのだが、大金持ちになっても、影がないばっかりにさまざまな苦しみを味わうというメルヘン調の物語である。彼はこの点を悪魔の物語として次のように語り始める。

「どうぞこの袋を手にとって、おためしになってください」。男はポケットに手を入れると、手ごろな大きさで縫目のしっかりしたコルドバ革製の袋を丈夫な革紐ごとたぐり出して私の手にのせました。ためしに袋に手を入れて引き出すと十枚の金貨が出てきました。もう一度手を入れるとまた十枚、さらに十枚、もうひとつ十枚というわけです。「よし、承知だ。こいつと影とを取り換えよう」。私は男の手を握りました。すると男はこちらの手を握り返し、ついで私の足もとにひざまずくと、いとも鮮やかな手つきで私の影を頭のてっぺんから足の先まできれいに草の上からもち上げてクルクルと巻きとり、ポケットに収めました。つづいて立ち上がってもう一度お辞儀をすると薔薇の茂みの方へ引き返していったのですが、歩きながらクスクス笑いを洩らしていたようでした。私はといえば、後生大事に袋の紐を握りしめていたのです。陽がさんさんと射しこめるなかで、すっかり正気を失っていたようです。

（シャミッソー『影をなくした男』池内紀訳、岩波文庫、19–20頁）

ここでの奇跡は神のそれではなく、悪魔の奇跡である。この場面はファウストが悪魔と契約を交わす伝承を彷彿とさせている。ファウストも現世の快楽と引き替えに魂を悪魔に売ったのであった。世俗化が侵攻してくると、単なる快楽から「金貨」に的が絞られてくる。この引用の少し前には「私は目の前に金貨がキラキラきらめいているような気がしました」とある。この金貨に目がくらんで引用の最後には「すっかり正気を失っていたようです」とある。これは世俗化による自己喪失を描いているようである。そしてこの文章の直前には「陽がさんさんと射しこめるなかで」とある。つまり太陽の光を受けて生きるのが人間の本来の姿であって、それは「影」によって知られる事態なのである。

ここでの取引は「魂」ではなく、「影」であるところに悪魔の誘惑の本領が発揮されている。影というのは魂ではないし、取るに足りない影に意味があろう筈がない。影は中身もなければ値打ちもない馬鹿げたもののように思われる。ここに悪魔の巧みな欺きがあり主人公はたやすく悪魔の誘惑に陥っていく。悪魔は悪しき霊であるが元来は「光の天使」であって「堕天使」となって神の光を失った。かくして悪魔は、この青年を欺いて、同じように神の光が射さない暗黒の世界へと引きずり込むのである。

レヴィ＝ブリュール（Lucien Lévy-Bruhl, 1857 - 1939）の**『未開社会の思惟』**を読んでみると、未開社会の人たちは人の「影」を踏むと、その人は死ぬと信じており、森の開けたところを通過するときには影を踏まれないように警戒している姿が記されている。彼によると「原始的心性は集団表象においては、器物・生物・現象は、我々に理解しがたい仕方により、それ自身であると同時にそれ以外のものでもあり得る」（『未開社会の思惟』岩波文庫、上巻、94頁）。そうすると影が人間の目には見えない生命現象と融合して表象され得ることになる。わたしたちが考察している「霊」や「霊性」も目には見えない現象である。生命現象でも次の個所で見るシェーラーが分析したように実験科学の対象になる部分と対象とならない部分とがある。魂も心理学の対象となる部分とそうでない部分とがある。

科学を導いているのは理性であり、これは昔から「**自然本性の光**」（lumen naturale）と呼ばれていた。人間の霊にはこの光が射さない。だからルターは神秘主義の用法を借りてこれを「暗闇」（tenebrae, caligo）と言ったが、「影」（umbra）という場合もある。霊は見えないが、光が射すところに「影」として反映している。それは霊の反映といえよう。これが欠けている者は霊性を完全に喪失した人間であり、世俗化の極致ではなかろうか。

したがってシュレミールは、影がないばっかりに世間の冷たい仕打ちに苦しまねばならないという辛い経験をなめることになる。物語の終わりに彼はやがてあの不思議な袋が悪魔がよこしたものであると悟り、魔法の袋を投げ捨て、残ったわずかなお金で古い靴を一足買う。はからずもそれが魔法の七里靴であった。七里靴はシュレミールを楽々とよその大陸へ運んでいく。こうしてシュレミールは魔法の袋という悪魔の奇跡を断念したその瞬間に、あらゆる大陸で大自然の奇跡を探り、研究する可能性が開かれてくる。シャミッソーは主人公を世俗的夢からひき離して、太陽が燦々と輝く世界、実に奇跡に満たされた現実の世界へ導いていく。ここには先に考察したレッシングの奇跡観と等しい思想が窺えるが、違いは太陽がきらめく自然に導くのは理性的な洞察ではなくて、昔話の靴なのである。それゆえ、この物語は昔話による昔話の克服、奇跡による奇跡の克服なのである（リューティ『昔話の本質』野村訳、ちくま学芸文庫、235頁参照）。

物語5　シェーラーの「ルサンティマン」

現代の人間学を創始した**マックス・シェーラー**は、人間を再度根底から問い直し、現代人が**ルサンティマン**つまり**怨恨**や**遺恨**、**復讐**という病におかされている病状を見事に解明した。そこには病におかされた人間が客観的な価値の位階を勝手に改竄《かいざん》している事実が突き止められ、それによってどのように異常な行動が生まれ、社会に破壊的な影響を及ぼしているかを指摘した。そこには人間が価値判断の改竄によって自らがどのように悪魔化しているかが捉えられた。わたしたちはこの悪魔化の事実を見逃すわけにはいかない。

シェーラーはその天才的能力がもっともよく発揮された著作『道徳構造におけるルサンティマン』(1915年)で、ニーチェがキリスト教的な愛を批判して病的な愛の現象とみなしたルサンティマンをとりあげ、これに反論を加えた。言語の人間学的意義が失語症の研究よって明瞭になるように、道徳の構造もルサンティマンの解明によってきわめて印象深く浮き彫りにされる。実際、本来的な生き方から転落し、転倒している現象の分析によってわたしたちはきわだった仕方で、人間の本来的な生き方を明瞭に洞察することができるのである。それはかつてパスカルが人間の悲惨さを考察することによってその偉大さを捉えたのと同じ手法である。こうしてシェーラーは病的現象といわれるルサンティマンの構造分析によって道徳の本来的な構造を取り出した。

これら他人の諸価値が彼になお積極的なものとして、また高い価値として感じられておりながら、ただその際、錯覚価値によって、それらがいわば「覆われている」のである。それらの積極的な価値が錯覚価値という覆を透して、いわば「透視的」(transparent)にぼんやりとしかすかして見えない、ということである。

（『ルサンティマン――愛憎の現象学と文化病理学』津田淳訳、北望社、31―32頁）

ルサンティマンは、あの永遠なる〔価値の〕秩序を人間の意識の中で〈転倒〉させる諸根源の一つである。それはあの価値秩序の錯覚と、生活の領域への誤った価値秩序の印象づけの源泉である。（前掲訳書、108頁）

「ルサンティマンとは、全く特定の原因と結果とを伴うある種の魂の自家中毒である」（前掲訳書、8頁）であり、それは組織的な抑圧によって生じ、特定の価値錯覚と特定の価値判断の持続によって起る心的態度（エートス）であるとされる。このルサティマンを引き起こすおもな源泉は復讐衝動であるが、そこに復讐できない無力感が襲ってきて、その衝動が抑圧されるときに初めてルサンティマンが生まれる。たとえば嫉妬がルサンティマンの源になるのは、欲求するものがあっても他人がそれを所有しているため、その欲求を否定せざるを得ないという無力感によって欲求が抑圧されるときである。その際、他人がそれをもっているということが、自分がそれを所有できないという苦痛の原因になっていると錯覚誤認する場合、憎しみや悪意をもった態度となって先の欲求と無力感が爆発する。つまり「ルサンティマンは独得な無力感の媒介なしには形成されない」（前掲訳書、32頁）。それゆえ、ルサンティマンにいたる第一段階は他の行為と存在によって引き起こされる直接の「反感」であり、それに併発される復讐感や嫉妬心である。しかし、こうした感情はそれ自身ではルサティマンではなく、第二段階において無力感と抑圧をもとにしてルサンティマンは生まれてくる。もし即座に反撃がこり、復讐が遂行されるとしたら、それは生まれない。復讐する積極的犯罪者には表面的に観察しただけでは一般にルサンティマンを見いだすことはできい（前掲訳書、38頁）。この反撃が反省によってまた無力感によって抑えられることでルサンティマンへの道がはじまるのである。さらにこの道はルサンティマンが宿っている心の深部の奥の院に通じており、そこにいたる山道には、憎悪・猜疑心・陰険・他人の不幸を喜ぶ感情・悪意がうずまいてる。

このような状況をかつてキルケゴールは欲求不満から起こるヒステリー現象として捉えていた。精神が自分の高貴な願望をいだいて意識が上昇していっても、日頃の習慣に押さえ付けられて、抑圧されて、欲求不満に陥ることがある。彼はこの現象を Schwermut（重い気分）と名付けた。ルサンティマンを懐きやすい人間の素質、たとえばおとなしく言葉少なく、はにかみ屋で行儀がよいことによって、抑圧が蓄積されやすいことや、その人の住む社会の構造たとえば差別された階級や人種、またその人の社会的境遇、たとえば僧侶、老人、受身的になりやすい女性の境遇、さらに無力感をうむ生の衰退現象などがそれを形成するにあたって大きく作用する。しかし、そこでは特別な価値錯覚も指摘された。つまりルサンティマンに陥った人によって懐かれる錯覚価値にもとづく誤った価値判断である。

このような価値錯覚により生じる誤った価値判断に対し「真正の道徳は、永遠なる〈価値序列〉と、それに対応する、数学的真理のように客観的で厳密に〈明晰な〉価値優先の法則にもとづいている」（前掲訳書、50頁）と説かれた。これが「客観的に正しい秩序」であるのに対し、各人は個別に主観的な価値秩序をもっており、それが永遠の価値序列に一致したり、しなかったりしうる。それゆえ神的な世界秩序の転倒も可能となる。これが秩序の惑乱現象あって、ルサンティマンもこれに属する（前掲訳書、108頁参照）。このような彼の思想は「永遠な価値秩序」を最高秩序と見る伝統的なヨーロッパの価値観を土台としている。また客観的価値と主観的な愛との関連を図で示すと、次のようになる。

価値の秩序

聖価値　A
精神価値（真・善・美）B
生命価値C
快適価値D
実用価値E

の心における反映＝愛の秩序

価値の秩序は位階順序として成立し、ABCDEという客観的な位階をなしている。人によってこの価値表を改竄しうる。たとえばEDCBAと組み替えると価値の完全な転倒となる。これは無神論者にしてニヒリストを生み出す。また生命を最高位におけばCDEBAという価値表が組み立てられる。ゲルマン民族を最高とみなしユダヤを大量殺戮したナチズムはこの種に属する。後者の二つの場合は各自の立てた構成によって客観的な価値表がぼんやりとしか意識されない。これがルサンティマンによる価値錯覚である。

ところでシェーラーによると人間には永遠なるものを求める心が授けられている。しかし心の作用である霊性が神によって満たされない場合には必然的に有限なるものが「偶像としてそこに闖入《ちんにゅう》してこざるをえない。彼は言う「人間は自分の作った偶像に魔法にかかったように縛りつけられ、それを〈あたかも〉神であるかのごとくもてなす。このような財をもつかもたないかという選択は成り立たない。ただ自分の霊性に神を、すなわち宗教的作用にふさわしい財をもつか、それとも偶像をもつか、という選択だけである」（「人間における永遠なるもの　下」『シェーラー著作集7』飯島宗享訳、白水社、281頁）。この偶像化というのは人間の心が「ものの虜となる」(vergaffen)性質を備えているからある（前掲訳書、279頁）。これまで見てきた物語における悪魔は、わたしたちのこうした性質のゆえに、心の奥底に侵入し、そこに宿って跳梁《ちょうりょう》するようになる。

次に取り上げるヒトラーの第三帝国の神話は、このようなルサンティマンに冒された人々の心情に唯一の救いと映じたといえよう。もちろんこれは悪魔化した霊性から生まれた産物であり、これに対する反撃が起こってきた。そこにわたしたちは現代の霊性の特質を捉えることができる。

物語6　ヒトラーとの闘争物語

ヨーロッパ思想文化の歴史で近代と現代とを分かつ境界線があるとしたら、それは第一次世界大戦が終結した1918年であろう。この時点で人々の価値観は根本から変化した。それまでの比較的安定した歴史の中で、確実だと予想されていた未来像がもはや通用しないことが明らかになった。ヨーロッパ文化をその深みへと導いてきた「霊性」は次第に背景に退き、霊性から切り離された「理性」が自律してくるが、結局、自らが生みだした科学技術の道具となり下がり、この道具化された理性によって人間と世界は支配されるようになった。これこそ先にヴェーバーが問題視した世俗化した人間、あの「末人たち」(die letzten Menschen) の実体であって、「精神のない専門人、心情のない享楽人。この無のものは、人間性のかつて達したことのない段階にまですでに登りつめた、と自惚れるだろう」と警告していたものであった。

ドストエフスキーが描いたように、近代的人間の行き着くこの自惚れの中に悪霊が宿るのであるが、それはどのように起こったのか、あらためて考えてみよう。人神思想にあるように、人間はうぬぼれて自己を神とするようになり、自己の主体性を物神化したのである。そうすることで、近代の啓蒙が生んだ自律的理性は、自らを霊性から全く分離してしまったので、理性的人間から霊性的「深み」が失われ、人間的価値はおとしめられ、理性が生みだした科学技術を駆使した技術・経済・産業文明に奉仕する、たんなる道具や手段にまで人間の価値は切り下げられた。科学と技術は一見すると人間の幸福を招来するかのように装う。しかし、実際は、科学と技術は自己の目的である、技術的・経済・産業的価値だけを追求し、道具でしかない人間の価値は一切考慮しないので、自然環境破壊と科学兵器による大量殺戮によって人類の自己破壊をもたらす。これがヨーロッパを中心として戦われた「第一次世界大戦」（1914 - 18）とそれに引続き戦われた「第二次世界大戦」（1937 - 45）の結末でもあった。こうした人間的価値の切り捨てたヒトラーの時代をむかえた。

現代の悪魔ヒトラーの登場　第一次世界大戦後ドイツはワイマール文化の時代に入る。この文化は第一次世界大戦の敗戦後にドイツで起こった現象で、ドイツの歴史上はじめて共和国が造られ、古い文化の観念を打破するような文化運動が沸き上がった。だが、この時代に続くのはヒトラーの独裁政権の時代であり、人類史上最悪の時代となる。

まず近代的人間の問題である「大衆と独裁者」の関連に注目しよう。大衆は元来民主主義を支える優れた意味を期待されているが、たやすく群衆として暴徒化する。大衆社会は大衆が社会の方向を決定するように見えるが、実際は、この大衆を指導し、扇動する者があらわれ、これがカリスマ的指導者、時に独裁者となって、彼らエリートの操作と扇動をうけた大衆運動が社会の方向を決定するようになる。また、エリートによる指導がない場合には大衆は「暴徒」となってしまう。ここに「大衆」の恐るべき世俗化がある。

オルテガはこの大衆の魂の基本的構造へ目をむけ、そこに「慢心しきったお坊ちゃん」という特性を指摘する。この自己の内に閉じ籠っていて、すべてに不従順なひとりよがりな生き方は、「人の言葉に耳を貸さない」態度に示される。否、大衆は耳を傾けても他者の声が聞こえてこない。オルテガは「ファシズムという表皮のもとにヨーロッパに初めて理由を示して相手を説得することも、自分の主張を正当化することも望まず、ただ自分の意見を断乎として強制しようとする人間のタイプが現われた」と指摘する（『大衆の反逆』神吉敬三訳、ちくま学芸文庫、103頁参照）。このような人間の特徴は他者との対話を拒否し、勝手な「直接行動」に走ることに見られる。彼はこのような人間の性格を「暴徒」としての大衆であるとみなすのであるが、この暴徒が独裁者と結びつくとき、大衆が本来担うべき民主主義が破壊され、ファシズム社会となる。

この大衆とは民主主義の土台となる「労働大衆」を意味するのではなく、「平均人」や「世俗人」として非凡なもの、傑出し、個性的で選ばれた者、つまりエリートを席巻し、自分と同じでないものを締めだしている。こうして、近代の主体性は「大衆」として、他者との関係を断ち切って自己に閉じこもり、自己主張に生き、それが独裁者と結びついてファシズム社会を作り上げている。そのとき「大衆」は神のごとく振る舞っており、ここに主体性の物神化が生じている。ヒトラーの悲劇も、この近代的人間の大衆と独裁者という破滅的関係から生まれたと言えよう。

ヒトラー（Adolf Hitler, 1889 - 1945）は、オーストリアに生まれたが定職につくことなく、第一次大戦前ウィーンとミュンヘンで傑物になるべく夢想を重ねる日々を送っていた。偉大な人物になるという幻想をワーグナーの歌曲を土台にして夢見ていた。ミュンヘンで彼は、自分の才能を巧みな大衆操作によって発揮できる機会をとらえることによって、自己の妄想を実現できると感じるようになった。大戦後、労働党に入党し、世界恐慌による社会の混乱に乗じて１９２１年には国家社会主義ドイツ労働者党（ナチス）の党首となる。合法的な手段によって33年に政権を獲得し首相となり、その翌年には総統となる。こうして全体主義的な独裁体制を確立し、39年には第2次世界大戦を引き起こしたが、敗戦直前に自殺する。

彼の思想の中にはその初期から社会ダーウィン主義、狂気に近い人種的偏見、ヨーロッパ東部地域侵攻論、反ポリシェヴィキ思想、そして反ユダヤ主義などがすでに存在していた。ところが彼は陰険な集団主義の闘争家ではなかった。ワーグナー愛好者であったヒトラーは、劇場的発想によって山積する問題を一挙に解決しようとしたのである。そのために、自分の天才的な着想によって、社会のはみ出し者や失業者たちに軍服を着せ、命令を課す組織の中に入れることによって、長年懐いてきた幻想を実現させようとした。つまり、同じ軍服を着せることによって人々を集団化し、自己に引きこもり他者から疎外された近代的人間の孤立感から脱却させたのである。

それによって、ヒトラーは軍隊秩序の中に一般市民を組み入れ、独裁者のもとに一体化された秩序を確立したのである。

軍隊式の命令と指揮の構造は、総統ヒトラーの立場を正当化する役割を担った。こうした軍隊組織を彼は自分のためにことごとく導入しようとし、総統たる自分に対する絶対服従を要求するのです。（D・シュヴァニッ『ヨーロッパ精神の源流 —— その栄光と挫折と教訓の探求』小杉尅次訳、世界思想社、279頁）

もちろん、その政治体制では、彼の狂信的論理といえるユダヤ民族排除の法律「アーリア条項」が導入され、これを使ってアウシュビッツで典型的に実行されたような恐るべきユダヤ人絶滅が実行に移されたのである。このような独裁者ヒトラーと一般大衆との関連についてレーデラー（Emil Lederer, 1882 - 1939）は『大衆の国家』のなかで「大衆が独裁者をつくり、独裁者が大衆を国家の永続的基盤たらしめる」（『大衆の国家』青井和夫、岩城完之訳、東京創元社、1961年、126頁）と述べる。こういう相互扶助の関係はナチの下でのドイツに典型的に見られた。実に、この現代の独裁者は、個性を欠いた「無形の大衆」という社会の崩壊から生まれてくるのであって、熱狂的暴徒の状態となった大衆から独裁者の支配が確立されるのである。

ノイマン（Sigmund Neumann, 1904 - 1962）も『大衆国家と独裁』のなかでこの点について次のように明解に説いている。「第一次大戦後の革命運動の目的ならびに本質は、家族まで含めたあらゆる自治的グループを解体し、明瞭な社会的意志をもたぬ一つの群集に仕立てることにあった。そのような群集は、常に圧政的指導者を要求する。これが現代の独裁的大衆国家の基礎である」『大衆国家と独裁』岩永ほか訳、みすず書房、１９９８年、116―117頁参照）。

この現代の圧政的指導者である独裁者は、彼によると「デマゴーグ（扇動家）」として民衆の友であり、次に「運動機構の統率者」つまり「大衆の組織者」であり、しかも、その本質は非社交的で超然とした「限界的人間」であり、さらに世界を唖然たらしめたいという素人じみた願望をもつ「冒険家」で、武器をもつ人々を率いる勇猛な「傭兵隊長」という性格をもっている。

こういう独裁者の特色は大衆に命令を一方的に下し、ばらばらで混沌として大衆はそれによってその都度形を与えれて動くロボット集団と化すのである。ヒトラーは「世界史上のすべての革命的大事件は、語られた言葉によってもたらされた」と語って、言葉の意義を誇張し、大衆は彼の演説により魅了されるとともに、彼も大衆から電流にふれたような衝撃をうける。実際、「命令されることを嫌う者は命令することを好む」といわれている。ヒトラーも人々を大衆運動と戦争状態のなかにおき、軍隊的日々命令によって人々を操作する。この命令の支配は事物だけでなく人間をも無形状態から一つの形をその都度創造する。「彼は不遜にも、自己の周囲の人間たちだけではなく、自己自身をも創造した神ででもあるかのように自惚れて、得意であった。だが、彼は決して言葉によって世界を創造した神、また自身が言葉であった神ではなかった。彼は偶像――その正体が日々命令であるところの偶像――なのであって、日々命令の偶像として自己自身を創造し、日々命令の偶像としてして人間たちを創造したのである」(マックス・ピカート『われわれ自身のなかのヒトラー』佐野利勝訳、みすず書房、78頁)。

政治神話の意味　ヒトラーがこのようにドイツに登場できたのには民衆の心の中にある種の空白が起こっていたからである。つまりこれまでキリスト教社会を長い年月にわたって導いてきた霊性が空洞化していたからである。すでにみたように信仰の世俗化が進行して、キリスト教が力を失うにつれ、信仰の替わりに、哲学・歴史学・社会学・生物学が順に精神世界の支配者となっていった歴史が認められる。実に、ヘーゲル哲学はキリスト教の救済史観を変更して世俗化の歩みを進めた。この点を**プレスナー**(Helmuth Plessner, 1892 - 1985)はキリスト教の「**救済史**」(Heilsgeschichite)から「**普遍史**」へ移った移行として見ており、そこに世俗化の過程を捉えている（金子晴勇『近代人の宿命とキリスト教信仰』聖学院大学出版会、192－195頁参照）。しかし救済史的な思考は世俗化が進んでも生き続けており、知識人たちは哲学のみならず、普遍史にも社会学にも救済を求めた。ところが学問は信仰の対象ではないから、その正体は偶像として暴かれ、その地位を失墜する。その過程の終末には生物学が覇権を握ることになった。しかもそれは「人種の優越」を誇る生物主義的な世界観が一世を風靡するに至って、ナチス一派がアーリア人種を最優秀民族とし、ユダヤ人を抹殺する人種理論の登場となった。

この人種理論がヒトラーによって現代の政治神話を生み出したのであるが、その神話と呪術が発生する地盤はワイマール時代に準備されていた。この時代をつぶさに体験した**カッシーラー**（Ernst Cassirer, 1874 - 1945）は**『国家と神話』**の中でトロブリアンド諸島の現地人の中で生活し研究した文化人類学者マリノフスキーの研究にもとづいて神話発生の根拠を解明した。神話が人間の社会感情や社会生活全体に浸透し、機能するには特別の理由がある。つまり「人間が異常な、危険な状況に直面しなければならないときに、神話はそのまったき支配力をもつにいたる」のである（『国家の神話』宮田光雄訳、創文社、368頁）。言いかえれば、原始社会においてさえ、呪術の使用は特殊な活動分野に限られているということであり、つまり、比較的単純な技術的手段で処理しうるような場合には呪術に頼らないのである。ただ人間の生来の能力ではまったく手に負えないようにみえる課題に直面する場合にのみ、呪術が現われてくる。「この原始社会における呪術や神話の役割について述べられていることは、人間の政治的生活の高度に発達した段階に対しても、そのまま妥当する。絶望的な状況においては、人間はつねに絶望的な手段に訴えるであろう。――そして現代の政治的神話は、まさにそうした絶望的な手段であった」（前掲訳書、369頁）。したがって理性的に解決できない問題に直面すると「最後の議論」（ultima ratio）は奇跡的な、神秘的なものの力に頼らざるをえなくなる。ヒトラーの第三帝国の神話はこうして要請され、大きな力を発揮するに至ったのである。

21世紀の霊性にむけて　このように近代的人間の自己絶対化は、これまで西欧文化を導いていた霊性の光を見失った「**神の蝕**」（日蝕のような神の不在）を引き起こし、世界は暗闇に覆われるようになった。これがヨーロッパの近代化によって生じた末路であり、心ある人々には、霊性の深刻な危機として受けとめられた。実際、20世紀のあいだに、社会正義の諸問題にますます注意が払われるようになり、霊性のあらたな形態が起こったことも見逃せない。私はこれを「預言者的・批判的パラダイム」（金子晴勇『キリスト教霊性思想史』教文館、523－528頁参照）と呼んだが、とりわけ、ディートリッヒ・ボンヘッファーとシモーヌ・ヴェイユの活動が21世紀の霊性の深まりに向けて重要であると考える。彼らは社会的不正に対して批判的・対決的姿勢を保ち、宗教的ないし世俗的な権威との衝突することも恐れずに、ヒトラー的なものに向かって身を張って霊性を擁護した。

例話集　第1巻の「あとがき」

この書物をお読みくださった人、また手にとって目次だけ見てくださった人は、どうしてこんなに多くの資料が収集できたのかと、不思議に思われる方々も多いかと思います。しかしわたしとしては、このように資料を集めることができるのは、長い間の習慣のおかげに過ぎません。こういう習慣は学生時代からわたしが読んで学んだことを「読書ノート」に書き留めておいたからなのです。その後、ドイツに留学したときに学んだことは、大学の講義――それはドイツ語でVorlesung言われているように――では教授たちが必ず自分で書いたものを学生の前で読みながら話していたことです。こうしてわたしも講義をするときには必ずノートや原稿用紙にその要点を書いていったのですが、やがてそれをコピーして学生に配布するようにしました。これによってたくさんの資料ができました。さらに学寮にいたある友人が話してくれたことですが、博士論文を作成するために一日にかならず20頁の資料や研究書を読み、疲れて夜になって頭が動かなくなると、手仕事として10枚のカードを作成していることを教えてくれました。これを何年か続けると論文を作製するのに役立つ資料が蓄積されて、博士論文を完成させるのです、と教えてくれました。そこでわたしも早速それに倣って研究を実行しました。その結果、思想史でもっとも価値が高い一次資料が獲られるようになりました。しかも、わたしはこのような作業を、愚直にもそれから数十年にわたって継続するようになりました。こうして今回編集し、作製した例話集ができあがったのです。

なお最近の5年間にわたしはアウグスティヌスの指導者でもあった**アンブロシウス**の『**教役者の義務**』の第1巻と第2巻を訳し、やっと完成することができました。これはわたしの翻訳としては最後の仕事になります。この著作は**キケロ**の『**義務について**』を念頭に置いて書かれました。そうするとこの著作は古代哲学の総決算であるキケロの思想と文体とに倣って著述されましたので、簡単には訳すことができない難解なものです。しかし、著作の内容がとても素晴らしいので教えられることがとても多いのです。また驚いたことに彼は旧約聖書の物語をいつも使って、見事に自説を具体的に展開しています。これをもしキリスト教思想史からの物語をも使って説明したら、どれほど役立つかと思わざるを得ませんでした。

今回、例話集の第1巻として編集したのは「**物語集**」でした。このようにしたのはキリスト教思想史を初めて学ぶ人たちに、あたかも絵画を見るように、気軽に理解していただくためなのです。英語では「物語」（story）は「歴史」（history）と分かれていますが、ドイツ語では「物語」（Geschichte）は「歴史」とも訳すことができるように、物語を通して歴史を学ぶことができるからなのです。そしてここに編集されているように確かにキリスト教思想史は物語の連続であるとみなすことができます。どうかこの著作を通してキリスト教思想史に皆様が理解と興味、さらに関心をもたれるようにわたしは願っています。

編集と出版に当たって、いつものように出版社のヨベルにお願いして作製してもらいました。その際、社主の安田正人氏に大変お世話になったことを感謝しています。

2024年6月30日

金子晴勇

金子晴勇（かねこ・はるお）

1932 年静岡生まれ。1962 年京都大学大学院博士課程中退。67 年立教大学助教授、75 年『ルターの人間学』で京大文学博士、76 年同書で日本学士院賞受賞。82 年岡山大学教授、1990 年静岡大学教授、1995 年聖学院大学客員教授。2010 年退官。

主な著書:『ルターの人間学』(1975)、『アウグスティヌスの人間学』(1982)、『宗教改革の精神』(2001)、『ヨーロッパ人間学の歴史』(2008)、『エラスムスの人間学』(2011)、『アウグスティヌスの知恵』(2012)、『キリスト教人間学』(2020)、**『わたしたちの信仰――その育成をめざして』**(2020)、**『キリスト教思想史の諸時代Ⅰ～Ⅶ』**(2020 ～ 2023)、『ヨーロッパ思想史――理性と信仰のダイナミズム』(2021)**『東西の霊性思想――キリスト教と日本仏教との対話』**(2021)、『現代の哲学的人間学』(2022)、『「自由」の思想史』(2022) ほか多数。

主な訳書:アウグスティヌス著作集 第 9 巻 (1979)、ルター『生と死の講話』(2007)、ルター『神学討論集』(2010)、エラスムス『格言選集』(2015)、C. N. コックレン『キリスト教と古典文化』(2018)、エラスムス『対話集』(2019)、グレトゥイゼン『哲学的人間学』(共訳 2021) ほか多数。

ヨベル新書 100

キリスト教思想史の例話集 Ⅰ　物語集

2024 年 9 月 20 日 初版発行

著　者 ―― 金子晴勇

発行者 ―― 安田正人

発行所 ―― 株式会社ヨベル　YOBEL, Inc.

〒 113-0033 東京都文京区本郷 4-1-1-5F

TEL03-3818-4851　FAX03-3818-4858

e-mail：info@yobel. co. jp

印刷 ―― 中央精版印刷株式会社

装幀 ―― ロゴスデザイン：長尾 優

配給元―日本キリスト教書販売株式会社（日キ販）

〒 112 - 0014　東京都文京区関口 1 -44 -4　宗屋関口ビル

振替 00130-3-60976　Tel 03-3260-5670

　ISBN978-4-911054-27-7 C0216

【書評再録・本のひろば　2024年7月号】

「愛」の観点から『三位一体論』を読み解く良き道標

金子晴勇　キリスト教思想史の諸時代 別巻2
――アウグスティヌス『三位一体論』を読む

新書判・280頁
1320円（税込）

評者：出村みや子氏

『キリスト教思想史の諸時代』別巻2として待望の「アウグスティヌス『三位一体論』を読む」が刊行された。本書の特色は、三位一体の教義をアウグスティヌスが「カリタス＝聖い愛」の本性から一貫して解明していることを明確にしたことにある。

著者金子晴勇先生は、彼の三位一体の神についての根本的思想を教義論争の断片的な主張からではなく、紆余曲折（付録資料「アウレリウス宛書簡一七四」参照）を経て全一五巻に結実した『三位一体論』でアウグスティヌスが長い時間をかけて取り組んだ三位一体の神を「信仰しつつ理解を求める探求」の諸相として示す。それはまた、若き日の最初の学術的取り組みから七〇年を経てついに本書を完成した著者の心を貫く『三位一体論』への持続した関心から汲み取られた味わい深い成果である。

本書は、古代教会での論争点をコンパクトにまとめ（第一章）、全巻の構成を第一巻から第七巻（第二章）第八巻から第一五巻（第三章）に分けて、各巻で取り組まれている問題を見通しよく整理しているので、原典や翻訳を読解するのに良き道標となっている。

「アウグスティヌスの説く聖い愛カリタスは神への愛と自己への愛とを融合させた統合体となっている」ことを本書は強調する（本書一四〇頁）。確かに、『三位一体論』は、愛の経験的な現象から「愛する者」「愛されるもの」「愛」の三肢を取り出し、ここに三つでありながら一体である「三位一体」の痕跡を見出し、さらに、精神内部で三つが一致した「精神・自知・自愛」の三肢から知性的認識における「記憶・知性・意志」の三肢が発展的動的に立てられており、「存在・認識・愛の三一構造として一般化できる」（本書一五三頁）という三位一体なる神の像の内的探求は、われわれ人間がそれを生きそれによって生かされている神の愛の探求でもある。

本書は、古代教会の歩みに従いながらも受肉したキリストの前での自己認識が必要であることを説いた彼の受肉の神学（第四章）、「神の像」の理解（第五章）、著者の研究の出発点である『三位一体論』における信仰と理性（第六章）、知性的認識と照明説（第七章）、神への超越機能と三位一体神秘主義（第八章）、ルターとの相違への示唆も含むアウグスティヌスの現代的意義（第九章）の各論で、三位一体の教義理解が今日のわれわれにとって哲学的にもチャレンジングに迫ってくることを知らせる。

さらに本書は、神の本質である知恵に関与することが神への礼拝であるとアウグスティヌスが考えて、「記憶・知性・意志によって行われる礼拝は、一般に人間精神が神の像であるところの知恵の内実を制限している」（二二〇頁）と指摘するシュマウスの「三位一体的神秘主義」といった性格付けを見据えて、現世においてできる限り「三位一体」の「礼拝」として「一つの霊」となることへと読者を誘うのである。

霊性を目指して「外から内へ、内から上へ」という『真の宗教』以来の探求が『三位一体論』での探求に見事に結実していることを本書は気づかせてくれるのである。

本書刊行をもってシリーズ全7巻別巻2が完結し、著者の霊性理解の深みから一貫した視点で教父時代から宗教改革、近代・現代までを手に取りやすい新書の形で総合的に展望することが可能となった。この企画の完成を心より喜びたい。

（でむら・かずひこ＝中央大学文学部教授）